Psicografia de
VERA LÚCIA MARINZECK DE CARVALHO

Pelo espírito
ANTÔNIO CARLOS

O caminho de Urze

LÚMEN
EDITORIAL

O caminho de Urze
pelo espírito Antônio Carlos
psicografia de Vera Lúcia Marinzeck de Carvalho
Copyright © 2013 by
Lúmen Editorial Ltda.

1ª edição – julho de 2013

Direção editorial: *Celso Maiellari*
Direção comercial: *Ricardo Carrijo*
Coordenação editorial: *Fernanda Rizzo Sanchez*
Revisão: *Érica Alvim*
Projeto gráfico e arte da capa: *Estúdio Design do Livro*
Imagem da capa: *JacobH | iStockphoto*
Impressão e acabamento: *Cromosete Gráfica*

Dados Internacionais de Catalogação na Publicação (CIP)
(Câmara Brasileira do Livro, SP, Brasil)

Carlos, Antônio (Espírito).
    O caminho de Urze / pelo espírito Antônio Carlos ; psicografia de Vera Lúcia Marinzeck de Carvalho. – 1. ed. – São Paulo : Lúmen Editorial, 2013.

    ISBN 978-85-7813-135-7

    1. Espiritismo 2. Psicografia 3. Romance espírita I. Carvalho, Vera Lúcia Marinzeck de. II. Título.

13-06212   CDD-133.93

Índice para catálogo sistemático:
1. Romances espíritas psicografados : Espiritismo   133.93

Rua Javari, 668
São Paulo – SP
CEP 03112– 100
Tel./Fax (0xx11) 3207-1353

visite nosso site: www.lumeneditorial.com.br
fale com a Lúmen: atendimento@lumeneditorial.com.br
departamento de vendas: comercial@lumeneditorial.com.br
contato editorial: editorial@lumeneditorial.com.br
siga-nos nas redes sociais:
twitter: @lumeneditorial
facebook.com/lumen.editorial1

2013
Proibida a reprodução total ou parcial desta
obra sem prévia autorização da editora

Impresso no Brasil – *Printed in Brazil*

sumário

capítulo 1
O caminho de Urze, 7

capítulo 2
Um trabalho extra, 20

capítulo 3
A viagem, 31

capítulo 4
No casebre, 45

capítulo 5
O encontro, 56

capítulo 6
Amargas decepções, 71

capítulo 7
MUDANÇAS, 83

capítulo 8
CONHECENDO O ESPIRITISMO, 102

capítulo 9
O ESPIRITISMO AUXILIANDO AS PESSOAS, 121

capítulo 10
A COINCIDÊNCIA, 140

capítulo 11
TRABALHO DE ORIENTAÇÃO, 154

capítulo 12
AJUDANDO, ENCONTRAMOS SOLUÇÕES, 166

capítulo 13
ANOS TRANQUILOS, 178

capítulo 14
CAMINHOS QUE SE ENCONTRAM, 194

capítulo 15
A HISTÓRIA DE MARIA ANTONIA, 208

capítulo 16
ZENILDA E RAMON, 223

capítulo 17
URZET, 234

capítulo 1

O caminho de Urze

— O quê? Repita, vovó, por favor!

Pediu Ramon, um jovem de dezenove anos de estatura mediana, magro, olhos e cabelos castanhos. Não havia nada em seu físico que chamasse atenção, mas era agradável, educado e todos gostavam dele. O moço se admirou com o que sua avó Cidália havia dito. Os dois estavam na horta, ele ajudava-a a aguar os tomateiros. Moravam num pequeno sítio onde havia algumas casas, todas perto umas das outras, e a de seus pais e a da avó eram bem próximas, sendo rodeadas por uma horta com verduras e legumes sortidos e um jardim florido. A senhora Cidália tinha cinquenta e quatro anos, era robusta, esperta e gostava muito de plantas.

— Por que esse espanto? — perguntou a senhora Cidália rindo. — "Urze" é uma espécie de planta, e a mais conhecida é a azaleia.

— É que pensei que a palavra "urze" não existia — respondeu Ramon.

— São muitas as palavras que a gente pensa que não existem porque não escutamos e raramente são usadas.

— Vovó, como a senhora sabe tanto assim de plantas? — curioso, Ramon quis saber.

— Não é porque não sei ler que não sei das coisas. Sempre gostei das minhas plantinhas. Penso que tive instrução na minha outra vida.

— E por que nesta não aprendeu?

— Não sei — respondeu dona Cidália. — Penso que talvez tenha abusado dessa instrução, do conhecimento, e nesta vida tive vontade de aprender e não consegui estudar. Nasci numa família pobre, trabalhei na lavoura, casei muito jovem e tive filhos.

— A senhora não quis fazer o curso de alfabetização de adultos na cidade? Poderia aprender a ler e escrever.

— Tive vergonha e não quis ir, não sou mais adulta, estou velha. Tive medo de não conseguir aprender. Mas, com certeza, na minha próxima vida, poderei estudar.

— Vovó, a senhora acredita mesmo que vivemos muitas vezes?

— Ramon, se assim não fosse, como explicar as diferenças existentes? Se Deus fosse injusto, não seria perfeito.

— Dona Cidália! — gritou uma mulher em frente à casa querendo comprar verduras. Ramon despediu-se da avó e decidiu:

"Vou mais cedo para a cidade e, enquanto espero a hora de me encontrar com Zenilda, vou à biblioteca da escola para consultar um dicionário e me certificar se existe a palavra "urze". Deve existir, vovó não erra quando opina sobre plantas. Isso é realmente um mistério. Encabulo-me com o conhecimento dela sobre esse assunto. Vovó conhece tantas plantas e sabe os nomes delas... Parece uma botânica. Será que vó Cidália está certa em afirmar que vivemos muitas vezes na Terra e em corpos diferentes? Será que minha vozinha foi uma pessoa estudada e culta? Se isso for verdade, explica os conhecimentos dela."

Ramon entrou em sua casa, morava com os pais e com o irmão Rivaldo; tinha mais um irmão, Rodolfo, e uma irmã, Rita, ambos casados. Rodolfo morava em outro sítio, onde era empregado, e Rita residia na cidade ao leste. Ramon estudara, concluiu o ensino técnico em contabilidade aos dezessete anos, sempre gostou de estudar e foi bom aluno. Nem cogitava continuar o estudo. Para fazê-lo, teria de ir para uma cidade maior e seus pais não tinham como sustentá-lo. Cursar uma universidade era um sonho do qual havia desistido e nem pensava mais. Trabalhava no sítio com o pai, e este fato o preocupava, o sítio era pequeno, e a renda, idem. Se ficasse ali, teria de fazer outra casa para ele e Zenilda ou morar na cidade e ir e voltar todos os dias. Já tinha procurado empregos e não havia conseguido, as possibilidades eram poucas na região. Zenilda ia se formar professora no fim do ano, ela queria lecionar, mas também não era fácil conseguir, as moças formadas nesta área eram muitas na região, e as vagas, poucas. Mas os dois sonhavam, faziam planos de trabalhar e se casar. Ele, porém, embora jovem e entusiasmado, sabia que teriam problemas financeiros.

Tomou banho, arrumou-se, penteou cuidadosamente os cabelos, despediu-se da mãe e foi para seu encontro. O sítio ficava perto da estrada, no caminho entre duas cidades. A localizada a oeste era pequenina, tinha duas escolas, uma igreja, o comércio era restrito e era onde morava a namorada, Zenilda. A leste do sítio, uma cidade maior, mas também pequena, era onde sua irmã Rita morava. Nesta, tinha um pequeno hospital, o comércio era maior e tinha mais escolas: ele havia estudado lá e era onde Zenilda ainda estudava, ela tinha aulas pela manhã. Um ônibus levava e trazia os estudantes em vários horários.

O sítio não era longe dessa cidade menor. O caminho contornava um morro não muito alto, a estrada era de terra batida e em alguns trechos tinha pedrinhas, cascalho. Caminhando rápido, Ramon fazia o percurso entre vinte e cinco minutos e meia hora. Desta vez, nem prestou atenção nas flores. Sua avó, Tonica e ele plantaram muitas flores pela encosta do morro, contornando a estrada. Eram árvores que floriam, roseiras, primaveras e muitas azaleias.

— Flores enfeitam qualquer lugar! — exclamou Ramon. — Espero que ninguém tenha a ideia de dar o nome de "urze" para o nosso caminho, de Zenilda e meu, por causa dessas azaleias.

— Ei! Ei! Ramon!

Era Tonica. Ramon não sabia calcular a idade dela. Achava que talvez tivesse uns quarenta anos, mas estava muito acabada, ela não se cuidava. Tonica era negra, gorda, usava os cabelos bem curtos, tinha poucos dentes e estava sempre desleixada, com roupas velhas, rasgadas e algumas mal costuradas. Ela gostava das plantas, cuidava delas. Por Ramon ajudá-la, eram amigos. Para muitas pessoas, Tonica era louca, para outros, portadora de dificuldades intelectuais. Costumava gargalhar, mas, naquela tarde, estava séria. Fez um sinal para Ramon sair da estrada e se sentar numa pedra.

— Vi os dois novamente! — Tonica falou rápido e enxugou lágrimas que escorriam pelo rosto.

— Tonica — disse Ramon —, será que não foi impressão?

— Não! Você sabe que não! Se não acredita em mim, vou correr.

— Acredito! Não corra! Você pode cair nessas pedras — pediu Ramon.

— Se acredita, fico! — exclamou Tonica, sentando-se na outra pedra.

Tonica morava sozinha numa casinha no sopé do morro. Andava pela estrada, pelo morro, ia aos sítios por ali por perto, mas raramente ia às cidades. Nos fundos de sua casinha havia uma horta, um pomar e alguns animais. Ela era órfã havia muitos anos, mas tinha irmãos que a visitavam de vez em quando e traziam para ela roupas, alimentos e remédios.

— Eu vi o casal, a Marilda e o Júlio. Estavam lá na estrela. Vi, sim! — afirmou Tonica já mais calma.

Seria natural Tonica ter visto o casal, mas as pessoas citadas eram falecidas, tinham desencarnado havia mais de dez anos. Ramon não se lembrava deles, mas, sim, do ocorrido. Comentou-se muito na região sobre a tragédia e houve muitas versões. O fato concreto: o casal foi encontrado morto numa pedra que, pelo seu formato, lembrava uma estrela. Por isso todos chamavam o local de Pedra Estrela.

— Eles estavam bem menos aflitos. Orei por eles — Tonica continuou contando.

— Você não pediu para eles perdoarem como eu lhe recomendei?

— Pedi, mas já fiz isso outras vezes e não adianta.

Tonica já contara ao jovem amigo muitas dessas visões. Mas era a primeira vez que Ramon a encontrava logo após ter visto alguém que já tinha falecido. Sentiu pena, pois ela estava apavorada e com medo.

— Como eles, o casal, estavam? — perguntou Ramon.

— Os dois parecem estar melhores. As primeiras vezes que os vi estavam machucados e seus ferimentos sangravam. Depois eles me disseram que almas boas os curaram e que não sentiam mais dores. Mas eles sofrem porque não se perdoam e odeiam o assassino. Estou pensando em falar com o padre, mas o sacerdote não gosta de mim.

— Também, da outra vez que você foi conversar com o padre, falou daquela mulher morta que a perseguia e queria missa e orações...

— E o padre não rezou a missa porque não paguei. Xinguei-o. Não é "mulher morta" que se diz. Mulher é diferente. Eu sou mulher, a outra, a dona Flor, minha vizinha falecida que queria orações, e a Marilda, que vejo na Pedra Estrela, são almas, espíritos.

— O que o casal lhe disse desta vez? — perguntou Ramon.

— O Júlio repetiu que não matou a esposa nem se matou. Foi o senhor Legório!

— Não repita isto! Você sabe que ele é poderoso.

— É mau! Muito mau! — exclamou Tonica.

— Esqueça o casal, eles ficaram na Pedra Estrela ou foram embora? Os dois não vieram atrás de você. Não precisa ter medo.

— Sei disso, eles não vêm atrás de mim e até falaram que não querem me assustar e que gostam de mim. Penso que eles foram embora.

— Eles lhe pediram algo?

— Nada — respondeu Tonica. — Mas Júlio quer que todos saibam que ele não é um assassino.

— É melhor não atendê-lo. É arriscado falar. Depois é difícil alguém acreditar.

— Sei disso. Ninguém acredita numa louca. Só você não me chama de mentirosa. Sabe por que todos por aqui pensam que sou doida? Porque vejo almas. Alguém me falou, não me lembro quem, que eu vejo espíritos. Mas, para mim, são almas. Vejo algumas almas más, outras que sofrem e raramente vejo algumas bonitas. Converso com elas, por isso dizem que sou louca.

— Você sabe por que vê espíritos enquanto a maioria das pessoas não vê? — curioso, Ramon quis saber.

— Porque tenho o dom de ver os mortos de corpo e também porque mereço sofrer por isto e de solidão. Vamos falar sobre o que quero, não respondo mais suas perguntas. Se não, eu corro.

— Tonica, você não deve correr. O melhor é andar. Vou escutá-la. Pode falar.

— Você é bonzinho! É uma pena! — exclamou Tonica.

— Por que você tem pena de mim?

— Ah! Todo bonzinho me dá pena.

— Tonica — pediu Ramon —, prometa-me que não irá falar para mais ninguém o que me contou.

— Que o senhor Legório é o demônio? Que ele matou o casal? Já entendi que é perigoso. Não vou falar.

— Tonica — disse Ramon em tom carinhoso —, poucas pessoas acreditam em almas do outro mundo, não irão acreditar em você, e nada que dirá servirá como prova. Se o senhor Legório souber que você fala isso dele, é capaz de mandar interná-la num sanatório.

— Hospital de loucos?

— De doentes mentais. Por isso, não fale. O casal acabará por se entender e você deixará de vê-los.

Ramon ficou por minutos tentando convencê-la a não falar a mais ninguém sobre suas visões. Temia por sua amiga. Tonica não fazia mal a ninguém, mas, quando irritada, tornava-se agressiva. Meninos, até jovens, gostavam de irritá-la e, quando isso ocorria, normalmente ela revidava jogando pedras e paus, tendo machucado alguns deles. Não iriam acreditar nela, a maioria das vezes ela falava coisas sem sentido, mudava de um assunto para outro e, se as pessoas não entendiam, ela gargalhava. Com certeza, o senhor Legório, um fazendeiro rico e respeitado, não iria gostar que falassem que ele era um assassino e, para fazê-la parar de falar, com certeza, iria se livrar dela internando-a num hospital. Tonica, privada de sua liberdade, iria sofrer muito.

— Mas ele matou! — afirmou ela.

— Por quê? Como? — perguntou Ramon.

— Como? Ora, com revólver. Atirou. Bam! Bam! Por quê? Era amante de Marilda.

— Vamos falar de nossas flores. Aquela primavera está dando flores brancas — Ramon resolveu mudar de assunto.

— Era para dar mesmo flores brancas. Uma planta somente dá flores iguais às de sua espécie.

Tonica gargalhou e passaram a conversar sobre flores. Ela se tranquilizou e esqueceu suas visões. Ramon se despediu e ficou por uns instantes vendo-a descer a encosta devagar. Caminhou rápido para não se atrasar no encontro. Não daria mais tempo de ir à escola, decidiu ir depois para consultar o dicionário.

"Ainda bem que a acalmei", pensou ele. "Sei que é possível algumas pessoas verem espíritos e conversar com eles, este fenômeno chama-se 'mediunidade'. Mas ninguém acredita em Tonica, penso que nem eu acredito em tudo o que ela fala. Afirmar que o senhor Legório é um assassino é demais. Lembro-me de ter escutado, embora pequeno, muitos comentários na época da tragédia.

O casal foi encontrado morto depois de ter sumido de casa, deixando três filhos pequenos: um menino de quatro anos, uma menina de dois anos e um bebê de seis meses. Depois de um dia sendo procurados, foram encontrados mortos, ela com um tiro no peito, ele com um tiro na cabeça. Falaram que Marilda tinha um amante e que o marido a matou e se suicidou. Não conseguiram apurar mais nada, o suposto amante nunca foi descoberto nem ficou comprovado se realmente existiu."

Ramon esqueceu aquele assunto triste e passou a pensar na namorada. Amava-a demais. Fazia dois anos que namoravam. Começaram se encontrando escondido, os pais dela achavam-na muito jovem para namorar e também porque dona Adélia, a genitora de Zenilda, queria para a filha alguém que fosse rico. Além disso, a sogra não gostava de alguns membros da família dele, uma tia que lia sorte e um primo homossexual. Dona Adélia era orgulhosa e interesseira, diferente do marido, o senhor José, que era boa pessoa e o tratava muito bem. Depois, pela insistência e porque Zenilda ameaçou fugir com ele, concordaram com o namoro. Encontravam-se às quartas-feiras, quando ele ia à casa dela com horário marcado, das dezenove às vinte e uma horas, e, no sábado, saíam, podiam ir à praça, onde caminhavam ou se sentavam nos bancos. Também iam, se tivesse, a alguma festa. No domingo, encontravam-se à tarde, às vezes iam, com um grupo de amigos, à outra cidade para irem ao cinema.

Era quarta-feira, e Ramon apressou o passo. Toda quarta-feira ia a pé e voltava de ônibus, este fazia o trajeto de uma cidade a outra e parava pelo caminho. Às vinte e duas horas era o último horário, transportava muitos jovens que estudavam na cidade e moravam nas fazendas e sítios. O ônibus parava a poucos metros de sua casa.

Ramon parou em frente à casa da namorada. Todas as vezes que via Zenilda seu coração disparava. Chamou-a e esperou ansioso que ela abrisse a porta.

— Oi! Tudo bem? Entre! — exclamou Zenilda sorrindo.

— Oi! — respondeu Ramon.

Entrou na área em frente à casa e se sentaram em poltronas perto um do outro. O namoro era vigiado. Os dois ficavam, como sempre, sentados e, de onde estavam, eram vistos por quem passava pela rua. Além disso, sempre alguém, os pais ou os irmãos dela, vinha à área para conversar um pouco ou simplesmente para vigiá-los. Os dois ficavam conversando; falavam, como todos os jovens enamorados, de assuntos banais ou sobre o futuro.

— Posso lecionar — disse Zenilda —, mas você sabe que não é fácil. Talvez arrume vaga em sítios ou fazendas, na cidade está muito difícil. Ramon, não sei se me acostumo a morar no campo.

— Sei, você gosta de cidade. Talvez eu deva procurar emprego em alguma cidade grande.

— Gosto daqui. Será que me acostumarei a morar longe de minha família? — indagou Zenilda.

O fato era que estavam indecisos quanto ao futuro. E Ramon, ainda mais, queria dar o melhor para sua amada, mas estava difícil encontrar solução. Para os jovens, porém, o futuro lhes sorria, com entusiasmo pensavam que bastaria ficarem juntos e os problemas se resolveriam.

As duas horas passaram rápido. Quando escutaram o relógio da igreja bater nove vezes, Ramon se despediu, isto porque, se demorasse mais, dona Adélia chamava a filha.

— Sexta-feira, no mesmo lugar, estarei esperando-a — disse Ramon baixinho.

— Se der, irei — falou Zenilda.

Ramon ficou no portão até a namorada fechar a porta. Depois foi à escola, pediu para ir à biblioteca e, com permissão, pegou o dicionário e procurou a palavra "urze". Sua avó tinha razão, "urze: nome comum a várias plantas da família das ericáceas, cuja espécie mais conhecida é a azaleia".

Suspirou aborrecido, colocou o livro no lugar, agradeceu e foi para o ponto de ônibus.

"Queria tanto", pensou ele, "continuar estudando. Com diploma universitário seria muito mais fácil arrumar um bom emprego. Porém, Zenilda diz que não dá para esperar eu me formar. Seus pais querem que ela se case logo. Formou-se, tem de casar".

No ponto de ônibus, em frente à praça, encontrou-se com uns amigos e ficaram conversando. Os alunos chegaram e o ônibus também. Com todos acomodados, o veículo partiu.

Ramon sentou-se na frente. À noite, via pouco da estrada; naquela época, início da primavera, as flores enfeitavam o caminho. Ele conhecia cada pedaço da estrada.

Isto porque costumava andar por ela a pé. E lembrou do que sua avó dizia: "se quer conhecer bem um local, ande por ele a pé". E sua vozinha sempre tinha razão: para o jovem, ela era sábia. Se Ramon fechava os olhos, imaginava direitinho o lugar. Ali estavam as roseiras; acima, a Pedra Estrela; do lado esquerdo, abaixo, a casinha de Tonica. Pelo cheiro, estavam passando pelos pés de jasmim.

— Que cheiro bom de flores! — disse um dos alunos. — É prazeroso passar por aqui!

"De fato", pensou Ramon, "este é o mais belo caminho do mundo! O que percorro para vê-la, encontrar com minha amada. É o nosso, de Zenilda e meu, Caminho de Urze e continuará a ser para sempre: União de Ramon e Zenilda pela Eternidade."

O ônibus foi parando e chegou a vez de ele descer. Entrou em casa, todos já estavam dormindo, sua mãe havia lhe deixado um lanche. Comeu e foi dormir. Como sempre, tinha, no outro dia, de levantar cedo. Pensando na namorada, adormeceu feliz.

capítulo 2

Um trabalho extra

Ramon trabalhava com o pai no pequeno sítio da família. Era rotineiro o serviço, cuidava dos animais: dois cavalos, três vacas, dos porcos e das galinhas. Fazia isso duas vezes por dia. Também carpia o pequeno cafezal e, com o pai e o irmão, na época do plantio, semeava, e depois colhia: milho, arroz e feijão. Nessa época, o trabalho triplicava. Ele não reclamava da labuta árdua e se esforçava para fazer bem seu trabalho, que começava cedo, de madrugada, e ia até a tardinha.

Na sexta-feira amanheceu um dia lindo e, sem que ninguém percebesse, antes das nove horas, Ramon se arrumou e saiu. Foi para a estrada, no seu Caminho de Urze, e admirou as flores e árvores que floriam. Ali, sua avó, Tonica e ele plantavam e cuidavam delas. Verificou se não havia ninguém no local, ficou atrás de uma pedra e aguardou ansioso que o ônibus passasse, este costumava fazê-lo às dez horas. Viu o veículo passar pela curva e parar. Seu coração disparou. Zenilda conseguira vir. Viu-a descer na estrada e o ônibus seguir viagem. A mocinha caminhou rápida rumo à pedra.

— Oi! Estou aqui!

Abraçaram-se. De mãos dadas, foram se sentar embaixo de uma árvore, local escolhido para não serem vistos. Embora Ramon desconfiasse que Tonica os via e até os vigiava.

— Venho com medo — disse a namorada. — Se a escola avisar a meus pais que de vez em quando saio mais cedo ou se alguma amiga fofoqueira contar, será castigo na certa. Talvez me proíbam de namorá-lo ou marcarão nosso casamento.

— Tomara que ninguém saiba! Que desculpa deu desta vez?

— Para a escola, que estava doente. Para o motorista do ônibus, que ia ver minha avó.

— Mas ela não mora por aqui! — exclamou Ramon rindo.

— O motorista não sabe que minha avó mora em outra cidade e que a outra já morreu.

Passaram a falar de amor, ali era o único local em que se beijavam, ficavam de mãos dadas e trocavam juras de amor. Mas esses encontros aconteciam uma vez somente no mês.

— Vou amá-lo para sempre! — afirmou Zenilda.

— Dei o nome para este local de Urze, nossa união pela eternidade.

Nem sentiram o tempo passar. Ramon consultava sempre o relógio, para a namorada não se atrasar.

— Parece que o seu relógio corre quando estamos juntos — reclamou a jovem.

E, infelizmente para o casal de namorados, eram doze horas, ela tinha de ir embora. Ramon caminhou com ela por um pedaço, depois ela foi sozinha pela estrada e ele voltou para o sítio.

"Este caminho tem de estar sempre bonito! Flores enfeitam a vida e o amor!", pensou Ramon.

Feliz, voltou para casa, almoçou e foi trabalhar. Zenilda, com medo, foi para perto da igreja e, quando o ônibus parou na praça, foi rapidamente para casa. As amigas íntimas sabiam desses encontros e a auxiliavam, elas sempre se ajudavam, confiavam umas nas outras. Mas temia outras colegas que com ela iam e voltavam da escola: se elas soubessem e comentassem, seus pais poderiam vir a saber.

Ramon, à tarde, foi ver sua avó, que trabalhava na horta. Ajudou-a e conversaram.

— Vovó, a senhora se lembra do casal que foi encontrado morto na Pedra Estrela? Sabe o que aconteceu com eles?

— Sei o que todos sabem — respondeu dona Cidália. — Por que quer saber? Isso aconteceu há tanto tempo...

— Curiosidade. Era pequeno quando eles foram encontrados mortos. Não me lembro direito.

— Parece que aconteceu assim — contou dona Cidália: — as três crianças, filhos deles, estavam sozinhos na casa. Vizinhos ouviram-nas chorar, arrombaram a porta e as acudiram. Procuraram pelos pais e não os encontraram; o maiorzinho falou que a mãe havia dito que ia sair e não ia demorar, mas que não havia voltado. Os vizinhos avisaram aos parentes e saíram todos a procurá-los. Foram até às cidades vizinhas, aos sítios e nada. No outro dia, pela manhã, o senhor Manoel resolveu pegar umas frutas na mangueira ao lado da Pedra Estrela e aí viu o casal caído, aproximou-se e percebeu que estavam mortos. Correu então à cidade e avisou que os tinha encontrado. Vieram muitas pessoas, e o morro ficou lotado de gente. Foi triste, a polícia foi chamada e concluíram que o marido, Júlio, havia matado a mulher, Marilda, e depois se suicidado. Foi um enterro muito triste. Não houve velório porque, segundo o médico, eles estavam mortos havia mais de vinte e quatro horas. Não deixaram os filhos irem e enterraram os dois juntos no mesmo túmulo.

— E os filhos deles? — perguntou Ramon curioso.
— A senhora sabe o que ocorreu com as crianças?

— Eles devem estar agora adolescentes. A irmã de Marilda levou as crianças, deu para adoção os dois mais novos, e o menino mais velho ficou com ela. Penso que foram eles quem mais sofreram com a tragédia, ficaram órfãos de pai e mãe.

— Houve muitos comentários sobre esse acontecimento, não foi?

— Lugares pequenos... — falou dona Cidália — Fala-se muito da vida alheia. Disseram até que a irmã de Marilda havia vendido os dois menores. O fato é que ninguém mais ficou sabendo dessas crianças. Essa tia deles mora longe, e os pais de Marilda se mudaram daqui.

Os avós paternos, os pais de Júlio, morreram; penso que foi de desgosto. Acho que esses filhos não sabem o que aconteceu com os pais. É melhor assim.

— A senhora acha que Júlio matou Marilda e depois se matou?

— Deve ter acontecido isso mesmo — opinou dona Cidália. — Como explicar o fato de eles estarem lá, na Pedra Estrela, em dia de trabalho, numa terça-feira pela manhã? Júlio deve ter desconfiado de Marilda. Com certeza fingiu que ia trabalhar, seguiu-a até lá, matou-a e se suicidou. Ninguém conseguiu saber quem era o amante. Talvez não tenha havido um. O fato é que ninguém soube o que de fato aconteceu naquela manhã na Pedra Estrela.

— Vovó, a senhora acredita que o local, a Pedra Estrela, ficou assombrado? Pessoas podem ver o casal no morro?

— Pessoas ou Tonica? Você não deve acreditar em tudo que Tonica fala. Ela é doente. Eu nunca vi nada de estranho no morro. Mas Laura, que é sensível, não gosta de ir lá. Por algum tempo, as pessoas tiveram medo daquela pedra, mas os anos se passaram, e nunca ouvi dizer que alguém tenha visto algo de sobrenatural por ali. Porém, meu neto, as pessoas que cometem suicídio normalmente sofrem bastante. É um dos mandamentos de Deus: não matarás! E quem se suicida mata a si mesmo. Um fato me intriga: antes, ao redor da Pedra Estrela, havia flores, mato e, depois disso, não nasce mais nada ali. Eu já plantei várias mudas, e elas morreram.

— O que a senhora pensa sobre isso? — perguntou Ramon.

— Plantas são sensíveis, elas gostam de lugares com boas energias. Penso que, aquele lugar, pelo ocorrido, ficou impregnado de energias de desespero e dor, e as plantinhas não conseguem ainda se desenvolver ali. Com o tempo, talvez cresçam, mas, por enquanto, em volta do local, só tem pedrinhas. Ali já foi um lugar bonito, agora não tem mais graça.

A tia de Ramon, Laura, filha de sua avó, chegou e interrompeu a conversa.

— Mãe, vim buscar verduras.

— Já separei para você. Leu muitas sortes hoje? — perguntou dona Cidália à filha.

Laura ganhava a vida lendo a sorte. Morava na cidade pequena, na periferia. Ela cobrava por isso.

— Duas somente — respondeu Laura.

— Titia, a senhora não foi mais ao centro espírita? — perguntou Ramon.

— Gosto do Espiritismo, penso que sou médium, vou de vez em quando para tomar passes. Mas não posso trabalhar com minha mediunidade no centro espírita, isto porque lá ensinam que não se deve ganhar dinheiro com a mediunidade. Para ser útil como médium, teria de parar de ler sorte. E aí, como faço para viver? Sobrevivo disso, das minhas cartas.

— Mas, titia, a senhora engana as pessoas.

— Não fale assim com sua tia! — repreendeu a avó.

— Deixe, mamãe, vou explicar ao Ramon como trabalho. Meu sobrinho, eu não engano. Na maioria das vezes, eu vejo, seja lendo as mãos das pessoas ou as cartas, acontecimentos passados e os que estão planejados para o futuro. Não sei como vejo, mas o fato é que isso ocorre. Mas também tenho alguns ganchos, isto é, faço perguntas, tenho algumas palavras-chave com que faço o cliente dizer alguma coisa, colho informações, falo bastante e acabo acertando muito.

— E não engana? — insistiu Ramon.

— Não forço ninguém a vir saber de sua sorte, vêm porque querem. Porém, acabo por ajudar muitas dessas pessoas. Incentivo-as a ter esperança, paciência, a se entusiasmarem, dou bons conselhos e até peço para orarem. Já fiz três pessoas não pensarem mais em suicídio, evitei que casais se separassem... Tenho a certeza de que não faço mal a ninguém. Você quer que eu veja a sua sorte? Não cobro de você.

— Quero!

Os dois, tia e sobrinho entraram na casa da avó, sentaram-se em frente à mesa, e Laura embaralhou as cartas.

— De novo! — exclamou ela. — Lembra, Ramon, quando li as cartas para você? Faz tempo. Não consigo decifrar direito, por isso não esqueço.

— Diga-me simplesmente o que a senhora está vendo — pediu o jovem.

— Dois caminhos que se separam, dando uma volta, para depois de muito tempo se encontrarem. No começo, esses caminhos têm flores, depois não as vejo mais. Aparece um morro: um caminho vai para um lado, e o outro contorna pelo lado oposto. Não sei por que não consigo ver direito, parece que meus olhos têm um véu.

Ramon não se impressionou, a tia às vezes fazia isso, falava muito em véus, e ele achava que era para impressionar o consulente.

— Vou casar? — perguntou Ramon.

— As cartas dizem que sim e provavelmente terá dois filhos, um casal. Ficará viúvo. Por favor, tenha cuidado com uma viagem. Parece que vejo nuvens negras atrapalhando seus planos.

— Não entendi. Explique melhor, titia.

"Viagem?", pensou ele. "Nunca viajo. Tia Laura não está inspirada hoje!"

Laura estava concentrada, olhava as cartas à sua frente. Ramon a observava até que perguntou:

— E aí, titia? Que mais está vendo?

— Nada! Não sei! Acabou!

Juntou as cartas. Sua tia lhe pareceu nervosa, mas o jovem não deu importância. Não acreditava muito na tia. Escutava-a sempre conversando com sua avó, as duas sabiam de quase tudo que acontecia por ali, conheciam os moradores e sabiam de suas vidas.

— Tia Laura, como está Benelau? Faz dias que eu não o vejo — Ramon resolveu mudar de assunto.

— Mais ou menos. Queria que ele estivesse bem, porém está com os mesmos problemas.

— A senhora já leu as cartas para ele?

— Sinto muita pena de meu filho — respondeu Laura suspirando. — Tenho três filhos, dois se casaram e Benelau nasceu assim. É homossexual, sofre por preconceito. Ele quer se mudar para uma cidade grande, mas lá, com certeza, não será diferente.

— Mas, titia, Benelau precisa, às vezes, se vestir de mulher? Ou parecer tão efeminado?

— Ele gosta, sente-se mulher, por isso ninguém lhe dá emprego. Eu o sustento com meu trabalho lendo sorte. Vejo as cartas para ele e na maioria das vezes choro depois porque não vejo nada de bom. Nenhum amor. Meu Benelau é tão carente! Agora vou pegar minhas verduras e ir para casa.

Ramon agradeceu à tia; despediram-se. Ele continuou sentado, pensando no que ouvira e em seu primo.

"Não me impressiono com o que titia falou de minha sorte. Caminho duplo, cada um de um lado, andando muito para voltar ao mesmo lugar e se encontrar. Confusa assim, não sei como tem clientes."

Laura ia todos os dias ver a mãe, sua avó, e levava para casa ovos, frutas, verduras e às vezes frangos. Ela fora casada, teve um casal de filhos, mas o marido sumiu e nunca mais soube dele. Depois de alguns anos, Laura arrumou outro companheiro, Benedito, que foi quem Ramon conheceu e chamava de "tio". Desta união nasceu Benelau, nome incomum, no qual os tios uniram as sílabas de seus nomes. Benedito desencarnou de repente, e Laura aprendeu a ler sorte, o que passou a fazer para sobreviver. Benelau era diferente desde pequeno, mais novo do que Ramon dois anos, não se enturmava nas brincadeiras dos meninos e sempre teve modos efeminados.

Ramon se lembrou de uma tarde em que o primo fora visitá-los, havia ido de ônibus, e, quando desceu do veículo, desceram também três garotos; eles estavam zombando dele, e Benelau, chorando. Ramon foi defendê-lo, e os três meninos vieram para cima dele. Trocaram socos, pontapés, e os três estavam levando a melhor; dois tentavam segurá-lo para que o terceiro o surrasse.

"'Ajude-me, Benelau', lembro ter gritado. Meu primo então pegou um pedaço de pau e bateu nos meninos. Nisso, apareceram umas pessoas, separaram-nos, e a briga acabou. Lembro-me direitinho", continuou Ramon pensando, "do que conversamos. Benelau me agradeceu: 'Obrigado, primo, mas não precisava me defender. Isso acontece quase todos os dias. Xingam-me, ofendem-me, chamam-me de Lalá'. Eu disse: 'Benelau, você não poderia se esforçar para parecer mais homem? É tão efeminado'. Ao que ele respondeu: 'Sou assim. Mas vou tentar!'. Às vezes ele até tenta. Ele é, com certeza, uma alma feminina num corpo masculino. Sei que Benelau sofre". Ramon suspirou e concluiu: "e se tia Laura não consegue ver nada de bom nas cartas para ele, certamente nada mudará no futuro. O melhor mesmo é ir embora daqui. Numa cidade grande, certamente ele se sentirá melhor".

Escutou sua mãe chamá-lo e correu para atendê-la.

— Ramon — disse a mãe —, o senhor João está aqui e está lhe oferecendo um trabalho. Seu patrão vendeu dois cavalos de raça que custam caro e que têm de ser entregues logo. No momento, nenhum de seus empregados pode ir, e o local é longe. Quer alguém de confiança e pensou em você. Está propondo para que os leve amanhã cedo. Você irá em um cavalo e levará os outros dois, que serão entregues numa fazenda, onde receberá o dinheiro da venda e voltará.

João trabalhava para o senhor Legório, que explicou para Ramon os detalhes: a viagem de ida e volta duraria mais ou menos cinco dias, e a remuneração era vantajosa. Acertaram. O jovem deveria ir bem cedo e no dia seguinte, no sábado. Com tudo acertado, sua mãe ajudou-o a arrumar o que ia levar. Tinha de ser pouca coisa, somente o necessário. Seu pai repassou o caminho com ele várias vezes: aonde iria, por qual caminho, onde pararia etc. Todos se entusiasmaram, seu pai estava orgulho por um filho dele ter sido lembrado pelo importante fazendeiro para um serviço de confiança. A mãe viu nesse trabalho algo que poderia vir a ser fixo.

Ramon lembrou-se que a tia tinha visto nas cartas que não deveria viajar. Mas não ia fazer uma viagem, iria se ausentar por causa de um trabalho.

Ele escreveu um bilhete todo amoroso para Zenilda explicando sua ausência. Repetiu muitas vezes que a amava e que sentiria muitas saudades. Seu irmão ficou encarregado de entregá-lo para Zenilda no sábado à tarde.

Além disso, fez planos com o dinheiro extra que receberia. Iria comprar um belo presente para a namorada e guardar o restante. Também pensou que iria fazer o trabalho benfeito para ser requisitado outras vezes e ter, assim, dinheiro para casar o mais rápido possível. Foi dormir cedo porque levantaria de madrugada.

capítulo 3

A viagem

O despertador tocou e dona Cida, mãe de Ramon, levantou-se também, preparou seu desjejum e fez inúmeras recomendações:

— Meu filho, fique atento ao caminho, siga as recomendações de seu pai. Os animais que levará são de raça, cuidado com eles. Pernoite onde foi indicado. Dê água e milho aos cavalos como o senhor João orientou. Também não se esqueça de se alimentar. Nesta sacola tem pães, bolos, bolachas, frutas e, para hoje, tem comida. Amanhã cozinhe o macarrão e coloque o molho da lata. Pus o abridor de lata na sua mochila, e seu pai colocou uma faca afiada.

O senhor Alceu, o pai, também se levantou, recebeu os cavalos do senhor João, que, no horário marcado, levou para o sítio e depois repassou com o filho os detalhes.

— Neste cavalo está um acolchoado para você dormir e seus alimentos; no outro, um vasilhame com água e um saco de milho para eles. Na volta, coloque menos água, terá somente um cavalo. Não se apresse, os animais não devem se cansar.

Ramon abraçou a mãe, pediu bênção aos pais, montou em seu cavalo, amarrou na sela as rédeas dos outros dois e seguiu viagem. Ia à marcha cadenciada. Estava feliz por estar fazendo um trabalho extra que lhe renderia um bom dinheiro. Foi prestando atenção pelo caminho. Gostava de ver as plantações, as árvores e os animais. A estrada era de terra batida. E foi pensando em Zenilda. Amava-a demais.

"Meu amor é lindo!", pensou. "Será que o acho belo por ser o primeiro? Porém creio que este amor será o único em minha vida."

Chegou onde deveria parar, numa sombra de uma grande árvore ao lado de um riacho de águas cristalinas. Descarregou os cavalos e amarrou as rédeas em sua mão. Deixou que eles pastassem, tomassem água e almoçou. Depois deu milho para os animais, carregou-os novamente e seguiu viagem.

Era à tardinha quando chegou ao local onde pernoitaria. Lá encontrou um grupo que transportava gado. Eram quatro homens. Ramon se sentiu aliviado por ter companhia à noite, mas também teve receio. Seriam eles trabalhadores honestos ou ladrões? Conversou com eles e teve de contar o que ia fazer.

— Vou levar estes dois cavalos à fazenda...

— São bons cavalos — disse um dos vaqueiros — mas não são de raça pura. Conheço bem esses animais. Estranho você estar sozinho.

— É perigoso? — perguntou Ramon.

— Viajando a cavalo sozinho sempre se corre risco. Viajamos sempre em grupo. É mais seguro. Coma conosco, cozinhamos feijão, temos farinha e fritamos ovos.

Ramon aceitou o convite, amarrou os cavalos perto de onde estava e conversou com os demais enquanto comiam. Eles falaram da saudade de casa, da família e da dificuldade do trabalho. Ficaram em volta da fogueira.

— Amanhã nossa noite será complicada! — exclamou Tião, um dos vaqueiros.

— Por quê? — quis Ramon saber.

— Vamos pernoitar na cabana do senhor Dito. Quando passamos pela antiga fazenda Céu Azul, que hoje está mais para Inferno Vermelho, ficamos no lar dele, uma casinha velha, e dormimos no chão da cozinha, enquanto o gado fica no curral ao lado da casa. Não é nada agradável!

— E por que fazem isso? — perguntou Ramon.

— Não sei se você acredita em fantasmas — respondeu Tião. — Mas eles existem. Amanhã partiremos daqui um pouco mais tarde e chegaremos à fazenda lá pelas dezesseis horas; atrasaremos algumas horas a nossa jornada, mas é preferível. Por aquelas terras ninguém se aventura a viajar à noite.

— É à noite que as almas saem do inferno e atormentam quem encontram na fazenda — interrompeu Jorge, outro vaqueiro. — Eu não acreditava, passei a primeira vez naquelas terras com dois companheiros levando quarenta bois. Passamos pela cabana do senhor Dito às quatorze horas, mas achei cedo demais para acampar e seguimos viagem. Foi a pior noite que já tive. Vi vultos, um dos meus companheiros levou uns tapas, apagaram nossa fogueira, acendi a lanterna e ela foi lançada longe. Os animais se assustaram, o gado correu pelo mato, seguramos os cavalos e ouvimos gritos e gargalhadas. Foi horrível!

— E aí, o que aconteceu? Conte! — pediu o jovem atento.

— Foi um imenso alívio quando clareou, aí fomos ver o prejuízo. Nossos cantis estavam furados, a maioria dos bois havia sumido, um cavalo estava com a pata machucada e um companheiro cortou a testa. Fomos à cabana do senhor Dito pedir ajuda, e ele nos atendeu, veio nos auxiliar. Colocamos o gado que reunimos e o cavalo machucado no curral dele e fomos atrás dos que haviam sumido. Perdemos dois bois, tivemos de passar a noite na cabana dele e seguimos viagem somente no dia seguinte. E tivemos de pagar pela hospedagem.

— Vocês pagam para ficar lá? — indagou Ramon muito curioso.

— No curral dele — explicou Tião — o gado come capim (o senhor Dito corta dos pastos), ele nos prepara o jantar e nos dá o café da manhã. Levamos para ele café, farinha, aguardente, enlatados, macarrão, materiais de higiene e às vezes roupas. É preferível lhe dar essas coisas a ficar acampado naquelas terras.

— Jorge — pediu Ramon — por favor, diga-me como os fantasmas puderam fazer tudo isso que me contou: machucar seu companheiro, o cavalo e espantar o gado.

— Eles são terríveis, verdadeiros demônios! — respondeu Jorge. — Mas meu colega se machucou porque, ao segurar seu cavalo, trombou com uma árvore e bateu a testa. Com os barulhos sinistros todos se assustaram, nós e os animais que, pelo instinto, correram.

— E na casa do senhor Dito isso não acontece? — continuou Ramon a perguntar.

— Dentro do lar dele ouvimos barulhos estranhos que ocorrem lá fora — contou Tião — algumas gargalhadas, gritos, uivos... Os animais se inquietam, mas não tem como eles saírem do curral. Embora com medo, acabo por dormir. Penso que todos nós dormimos porque sabemos que o senhor Dito fechou o local (sua casa, a horta e o curral) e ali as assombrações não entram.

— Como ele faz isso? — interessado, Ramon quis saber.

— Os quatro cantos desse espaço em que ele reside estão marcados por cruzes, e embaixo dos crucifixos há círculos com desenhos estranhos. O senhor Dito nos contou que todos os dias ele circula por três vezes sua casa, seu espaço, rezando o terço e terminando com o Credo, oração que tem muito poder, além de umas outras que eu não conheço. Ele nos disse que foi seu pai adotivo quem o ensinou. Assim, essas almas penadas não conseguem atravessar a barreira que o senhor Dito faz.

— Isso é incrível! — exclamou Ramon.

— Você não acredita? Pois venha conosco para conferir — convidou Agenor, o vaqueiro mais velho.

— Eu acredito! Não posso ir. Estou perguntando porque é uma história deveras interessante.

— É mesmo — concordou Agenor. — Já vi e ouvi muitos casos interessantes no meu trabalho, mas o da fazenda Céu Azul é o maior e mais impressionante. E lá já foi pior. Pelo que o senhor Dito conta, algumas almas já foram libertas e partiram. O fato concreto é: a terra ali é produtiva e está abandonada há anos. O senhor Dito nem sabe quem é o dono. Por duas vezes supostos proprietários foram à fazenda. Primeiro um homem que afirmou ser um sobrinho do antigo dono: foi para passar a noite, recusou o convite para ficar na casa do senhor Dito e foi dormir na sua caminhonete; quando os gritos e uivos começaram, ele correu para a cabana, foi embora no outro dia e não voltou mais. Anos depois, chegou o filho deste sobrinho: era de manhã e, à tardinha, foi embora; falou que necessitaria de muito dinheiro para acertar a documentação daquelas terras e que não valia a pena fazê-lo. Também não voltou mais. O mato cresceu, há muitas árvores, mas o lugar é estranho; vê-se poucas aves, e eu nunca vi um animal silvestre. E as terras estão lá sem dono, é o que o senhor Dito afirma.

— Esse senhor sabe quem são esses espíritos que assombram a fazenda e por que estão lá? — perguntou Ramon.

— O senhor Dito conta — respondeu Jorge — que aquelas terras pertenceram a um homem muito mau, que comercializava escravos e foi um carrasco, era um coronel que roubava negros e caçava os fujões. O filho dele continuou com as maldades, imitando o genitor. Mesmo com a libertação dos escravos, lei que foi ignorada por eles, continuaram tendo escravos, e os maltratados negros nem sabiam que eram livres. Eram ladrões e fizeram muitas crueldades. Um senhor idoso, que era vizinho e morava num pequeno sítio perto da fazenda Céu Azul, teve as duas netas estupradas pelo filho deste fazendeiro e então ele jogou uma maldição nestes maldosos. Dizem que este homem sabia fazer feitiços e, antes destes estupros, fazia somente o bem, mas, cansado de ver tantas maldades e as netas sofrerem, fez um trabalho, evocou as forças da natureza e jogou a praga. Afirmou que o pai, o filho e seus comparsas, os empregados maldosos, iriam morrer e ficar presos num buraco, numa encosta do morro, e que somente sairiam à noite, mas que não se afastariam do local onde cometeram tantos crimes, ou seja, da fazenda, por cem anos. Morreu o fazendeiro e, logo após sua morte, ele passou a assombrar durante à noite a fazenda. Depois, foram morrendo os empregados e, por fim, o filho, e nenhum mais dos herdeiros conseguiu morar naquela fazenda. A sede ruiu, somente se vê algumas paredes. O mato encobriu a casa, e é lá o pior local, até durante o dia se vê vultos e se escuta gritos.

— Por isso que o senhor Dito — comentou Jorge — fala que antes era pior, a fazenda era mais assustadora. Melhorou porque o tempo foi passando e uns espíritos puderam ir embora. Lá agora, afirma o morador da cabana, estão somente uns doze, mas já foram uns vinte e cinco.

— E por que esse senhor mora lá? Será que gosta de fantasmas? — indagou Ramon, curioso para saber da história toda.

— O senhor Dito — respondeu Agenor — conta que a mãe dele fugiu de casa, foi embora com um amante quando ele tinha oito anos. O pai passou a se embriagar, e ele apanhava muito. Um dia um senhor pediu para adotá-lo, seu pai consentiu e, então, ele foi morar nessa fazenda. Seu pai adotivo era tataraneto do feiticeiro que jogou a praga. O pai adotivo do senhor Dito tinha a missão de ajudar as pessoas que passavam por ali, acudi-las das assombrações e o ensinou. Ele acredita ser o guardião do local e nos contou ter sido, em encarnação passada, o homem que jogou a maldição e que, quando estava vivendo no Além, tentou libertar aquelas almas penadas, mas não conseguiu. Voltou então ao corpo carnal para tentar impedir que esses espíritos condenados que sofrem pela fazenda prejudiquem os encarnados que têm de passar por ali.

— E também — falou Tião — ele afirma que somente irá desencarnar, é o termo que o senhor Dito usa para falar em morte, quando o último fantasma cumprir sua pena. Por isso, meu jovem, nós amanhã acordaremos mais tarde, quando o sol já estiver no horizonte, pararemos na cabana do senhor Dito, daremos a ele as coisas que trouxemos e pernoitaremos. Agora vamos dormir, e não tenha medo, garoto — referiu-se a Ramon — neste campo não existem fantasmas.[1]

---

1. N.A.E.: Essa história é deveras interessante. Espíritos culpados falam muito que se sentem pesados, atados às esferas mais densas e não conseguem se elevar. Daí o termo "consciência pesada", sentem-se presos aos seus erros. Com certeza, o homem que jogou a praga, a maldição, o fez com vontade de ver aqueles seres

Acomodaram-se para dormir ao lado da fogueira. Um deles faria guarda, vigiaria o gado e os que dormiam.

— Temos de ter cautela — explicou Agenor. — Animais podem atacar o rebanho, e ladrões, roubar-nos. Se perdermos uma rés que seja, é prejuízo.

Ramon se deitou e pensou: "Por que será que o senhor João afirmou que os cavalos que eu estou levando são de raça, caros, e esses vaqueiros disseram que não são? Será que o senhor Legório está enganando o comprador? Terei problemas? Se indagado, direi que estou somente fazendo o transporte e não sei de nada. Ou será que esses homens disseram isto com intenção de me enganar? Devo ficar atento".

---

imprudentes, que cometeram tantas atrocidades, pagarem por seus crimes. E a praga foi aceita, receberam-na, porque os envolvidos agiram com maldade. Bênção e maldição têm força, principalmente se existe a ação. Recebem bençções aqueles que fazem o bem, e aqueles que agem com crueldade podem receber uma maldição. O buraco citado, em que ficaram presos, era uma entrada e saída do umbral. À noite eles podiam sair e vagar pela fazenda. Ficaram ali os que não se arrependeram: sofriam, mas também se divertiam assustando as pessoas. E os sustos que davam eram possíveis por causa dos fluidos da natureza, abundantes no lugar; e os desencarnados que se julgavam condenados sabiam manipular essas energias, também pela mediunidade do senhor Dito. Quando fiquei sabendo desta história, eu, Antônio Carlos, fui visitar essa fazenda. O tempo da maldição acabou há anos. Aquelas terras foram leiloadas e se tornaram três fazendas. Todos os proprietários têm enfrentado alguns desafios e dificuldades, pois ainda há dois espíritos que, mesmo se sentindo libertos, não encontraram a paz, pois não a desejam, e vagam por ali à noite tentando assustar, assombrar. O senhor Dito, que se encontra desencarnado, confirmou que fora ele realmente o autor da maldição, que se arrependeu e quis reencarnar, tanto para defender as pessoas daqueles espíritos como também tentar ajudar os desencarnados que ali vagavam. Segundo ele, fez muito pouco, isto porque aqueles espíritos se sentiam devedores. A maldição surtiu efeito porque teve ressonância, isto é: o erro grave existiu. Allan Kardec nos ensina na obra *O Livro dos Espíritos*, capítulo 9, "Intervenção dos espíritos no mundo corporal", 'Bênção e Maldição', questão 557: "A bênção e a maldição não podem nunca desviar a Providência do caminho da justiça e nunca atinge o maldito senão quando é mau. A sua proteção cobre apenas aquele que a merece".

Não dormiu direito, passou à noite só com cochilos. Vigiou seus cavalos. E não viu nada de diferente.

O dia clareou, todos se levantaram, fizeram café e tomaram. Eles iam seguir por outro caminho, então se despediram.

E novamente Ramon seguiu viagem com trote cadenciado. Ia observando tudo. Parou para dar água aos cavalos, milho, comeu um pedaço de bolo e seguiu viagem pensando na namorada. E, como a maioria dos jovens enamorados, ele ficou pensando em como seria bom viverem juntos, verem-se todos os dias e em como seria o casamento deles... Ela ia ficar linda vestida de noiva! Pensou também em como seria bom terem filhos, queria uma menina que fosse parecida com ela.

Ainda teria duas horas de claridade quando chegou ao local marcado para pernoitar. Pensou em seguir, mas receou não encontrar outro local para passar a noite. Não viu ninguém. Saiu da estrada, andou pelo campo uns trezentos metros. Ali, como seu pai dissera, havia um filete d'água, e a pastagem estava verdinha. O recanto era bonito. Arrumou tudo para pernoitar. Verificou umas três vezes se os animais estavam bem amarrados, deu a eles milho. Fez uma fogueira e cozinhou o macarrão. Limpou onde ia dormir. Amarrou as cordas que prendiam os cavalos ao seu tornozelo. Sentiu medo ali sozinho. Escureceu, apagou a fogueira. Deixou a lanterna presa na sua cinta. Orou e tentou descansar. Embora com muito sono, novamente não dormiu direito e acordou muitas vezes com o barulho de insetos e de pequenos animais.

O Caminho de Urze

Foi um alívio quando começou a clarear. Levantou-se, alimentou os cavalos, deixou-os tomar água, comeu pão e bolo, carregou-os, voltou à estrada e seguiu seu caminho. Queria chegar logo e parou somente para dar água aos cavalos. Mas pensou melhor e concluiu: "Vou dar mais um pouco de milho a eles para não chegarem à fazenda esfomeados e o fazendeiro pensar que não tratei bem deles".

Guardou somente um pouco de milho para dar na volta ao cavalo que montava.

Eram quatorze horas quando chegou à porteira da fazenda. Um empregado o recebeu e chamou seu patrão, que veio conferir os dois cavalos.

— Tudo certo, tire suas coisas deles, vou mandá-los para o pasto para descansarem. Aceita almoçar? Vou pedir que lhe deem um prato de comida. Vou lhe entregar um envelope para você levar ao senhor Legório.

Ramon estava cansado, tinha o corpo dolorido, pensou em pedir para pernoitar na fazenda, mas não o fez devido à frieza do proprietário. O empregado o conduziu a um balcão.

— Vou buscar seu prato de comida, espere-me aqui.

Ramon espreguiçou-se, tentou fazer alguns movimentos com o corpo, seus músculos doíam. Nunca tinha montado tanto tempo e entendeu que não era nada fácil a vida de vaqueiro. Minutos depois, o empregado lhe trouxe um prato grande com muitos alimentos.

— Vou tratar do seu cavalo. Meu patrão mandou lhe dizer que você deve ir embora em meia hora. Bom apetite!

O alimento estava saboroso, Ramon comeu bastante. E, meia hora depois, o empregado voltou com um envelope pardo bem fechado e colado com durex.

— O senhor mandou dizer para ter muito cuidado com este envelope e, assim que chegar à sua cidade, entregá-lo ao senhor Legório. Seu cavalo está aí fora, pode carregá-lo e partir.

Ele concordou com a cabeça. Estava se sentindo um pouco inquieto e pensou ser pelo cansaço. Sentiu novamente vontade de pedir para ficar ali e pernoitar, mas o empregado saiu do galpão e ele foi atrás. Tudo o que era seu estava no chão, ao lado do cavalo em que viera. Arriou o animal e colocou todos os seus pertences nele sob o olhar do empregado. Despediu-se e saiu; o empregado o acompanhou até a porteira, que foi trancada assim que passou por ela.

"Vou seguir somente por duas horas, depois vou acampar, estou cansado", pensou ele determinado.

Continuava inquieto e sentiu medo. Um pressentimento ruim invadiu sua mente, esforçou-se para se dominar. "Que sensação estranha! Nunca senti isto. Parece que estou sendo observado."

Olhou várias vezes por todos os lados e não viu nada que pudesse preocupá-lo. Passaram por ele dois homens a cavalo e uma charrete com um casal e dois filhos. "Vou parar por aqui. É melhor ficar mais próximo à fazenda. O capim está bonito e será um bom pasto para o cavalo. Atrás daquelas árvores estarei escondido."

Olhando bem para todos os lados e não vendo ninguém, foi rapidamente para o local que escolheu. Gostou, as árvores eram frondosas e estava limpo embaixo. "Não vou acender nenhuma fogueira. Vou descarregar o cavalo, deixá-lo descansado. Amanhã, assim que começar clarear, sigo viagem e quero aproveitar bem o dia."

Deixou seus pertences perto de onde ia dormir, amarrou a ponta da corda no pescoço do cavalo e a outra ponta no seu pé. Deixou o animal pastando. Como tinha comido bastante na fazenda, separou somente um pedaço de pão para comer. Olhou várias vezes por todos os lados. Prendeu o envelope com o dinheiro que teria de entregar ao senhor Legório em seu peito, amarrando-o com uma faixa de tecido, e arrumou seu leito, deixando a lanterna ao alcance de sua mão. O cavalo pastou, tomou água e estava tranquilo. Escureceu, deitou-se, orou e tentou se distrair pensando na namorada. Não ouviu nada de diferente. Dormiu, mas, novamente, acordou várias vezes. Estava muito escuro, então prestou atenção no que escutava. Tudo lhe pareceu estar adormecido. A natureza dormia.

Acordou quando começou a clarear. Levantou-se rápido. Deu água ao cavalo, lavou o rosto e, enquanto o animal comia a porção de milho que havia colocado no chão, ele comeu uma generosa fatia de bolo, que já estava endurecido. Carregou o animal. Os passarinhos também acordaram e cantavam como se saudassem o astro rei. "Que romântico ver o nascer do sol. É bonito! Mas devo seguir viagem."

O dia estava agradável! O ar da manhã estava fresco, as pastagens verdinhas. A paisagem era bonita. Seguiu pela estrada e foi devagar para não cansar o animal. Seu corpo doía. Eram dez horas da manhã quando sentiu novamente a estranha sensação, um medo instintivo, como se algo perigoso fosse lhe acontecer. Olhou para todos os lados, não viu nada que pudesse preocupá-lo. Aquele trecho da estrada era rodeado por muitas árvores. Inquieto, foi para o meio do caminho. De repente, surgiu na sua frente um homem saindo detrás das árvores.

— Alto aí! — gritou o homem.

Sentiu um vulto atrás dele, uma pancada na cabeça e não viu mais nada.

capítulo 4

No casebre

Ramon sentiu que acordava de um modo estranho, não sabia onde estava, sentiu dores pelo corpo, na cabeça e muita sede. Por mais que se esforçasse, não conseguia abrir os olhos. Sentiu o capim em seu rosto e cheiro de mato. Queria coordenar seus pensamentos, e algumas imagens lhe vieram à mente. Dele criança, na escola, com amigos e de seus pais lhe sorrindo. Porém, não conseguia focalizar as imagens direito, parecia ver um filme no cinema. Esforçou-se muito para se mexer, viu uma luz como num canudo, tentou levantar e o fez.

— Meu Deus! — exclamou apavorado. — O que é isso? Um corpo caído? Está sangrando! O capim está quase o encobrindo. Quem é ele? O que faço aqui?

Sentiu medo, parecia estar unido àquele corpo, viu um cordão ligando-os. Olhou novamente para o corpo, aproximou-se.

"Será que sou eu? Mas como? Estou aqui e ali? Este corpo é meu? E esse outro, quem é?" Bateu no seu peito. "Eu também?"

Suavemente aproximou-se uma mulher envolta por uma luz clarinha e lhe disse:

— *Ramon, você quer ir comigo?*

— Eu? Eu não! Ir para aonde?

— *Para um lugar de paz e sossego* — disse a mulher de luz sorrindo.

— Prefiro aqui, que é agitado.

— *Ramon, você foi ferido. Se vier comigo, seu corpo físico morre.*

— Não quero morrer! Preciso viver! — exclamou Ramon, respondendo em tom alto.

— *A vida continua...* — falou o ser envolto de luz.

— Quero ficar!

Ramon pulou para seu corpo, pareceu entrar numa veste e aí sentiu sede e dores.

"Quem sou eu?", pensou aflito. "O que faço aqui? Que dor! Tenho sede!"

Esforçou-se para abrir os olhos, não conseguiu. Não sabia definir o tempo que ficou nessa agonia. Perdeu os sentidos novamente. Acordou, e as dores se intensificaram, assim como a sede. Tentou novamente levantar e aí conseguiu enxergar. Pelo que viu, concluiu, por causa da claridade, que deveria ser de tarde, logo escureceria. E, novamente, teve a sensação de ser dois. Quando se levantava um pouco, o fazia em perispírito, as dores e a sede se suavizavam. Ouviu um barulho, pensou que poderia ser novamente a mulher de luz. Curioso e pelo instinto, levantou-se mais um pouco e viu um homem empurrando um carrinho, uma carriola, vinha pela estrada e passaria por ali, perto dele.

"Tenho de fazer com que esse homem me encontre. Devo gemer", pensou Ramon determinado.

Voltou a vestir o corpo de carne e se esforçou com toda a sua vontade para gemer.[2]

Escutou o barulho do carrinho se aproximando e, numa tentativa em que se esforçou ao máximo, conseguiu fazer seu corpo físico gemer.

Um homem, de aproximadamente quarenta e cinco anos, parou para ouvir.

— Parecem ser gemidos! — exclamou.

Ao ouvir novamente, foi rapidamente para o local de onde vinha o estranho grunhido.

— Meu Deus! Misericórdia! É um homem ferido!

Afastou o capim do rosto de Ramon, olhou o ferimento em sua cabeça, voltou à carriola, pegou sua garrafa

---

2. N.A.E.: Ramon foi ferido, e aqueles que o fizeram julgaram-no morto. Seu estado era grave. Afastou-se do corpo físico ferido em perispírito e viu seu corpo inerte. Tendo merecimento, um espírito bondoso pôde vir ajudá-lo. Dificilmente é perguntado a alguém se quer desencarnar. Quando o tempo vence para se estar encarnado, raramente se tem prorrogação. Mas o que ocorreu com o nosso jovem personagem foi um imprevisto que os leitores saberão no decorrer da história o porquê. A desencarnação não é castigo nem prêmio, faz simplesmente parte da vida, e, para os espíritos bons, é refrigério viver no plano espiritual. Porém, para estar bem no Além, é necessário que se viva no corpo físico o tempo previsto. Mas acidentes e imprevistos podem ocorrer. Ramon desencarnaria se não houvesse socorro, seu corpo carnal padeceria e aí não poderia opinar. Existem muitos relatos de pessoas que passaram por experiências parecidas, optaram por continuar encarnadas e conseguiram. Em outros casos, o físico não correspondeu e voltaram ao plano espiritual.

d'água, abriu a boca do ferido e cuidadosamente foi colocando água em seus lábios. Ramon sentiu-se um pouco mais confortável e, com muito esforço, conseguiu gemer novamente.

O homem pegou o carrinho, aproximou-se do ferido, descarregou-o e, com esforço e cuidado, pegou Ramon e o colocou nele, voltando a empurrar o rude veículo devagar. O ferido parou de gemer, afastou-se um pouco de seu corpo físico e viu que seu socorrista pegara um atalho, um caminho estreito por entre as árvores. Era um senhor negro, de cabelos grisalhos como a barba e aparentava estar preocupado. Perdeu os sentidos, não viu nem sentiu mais nada.

Acordou e olhou curioso onde estava. Uma casinha muito pobre, de pau e barro. Havia uma janela acima da cabeceira da cama onde estava deitado. Passou a mão pelo seu rosto e sentiu a barba grande; olhou seu corpo, estava somente vestido com uma peça de roupa, uma calça larga; observou seu peito, estava muito magro. Escutou um barulho no cômodo ao lado e falou:

— Tem alguém aí?

Um homem, Ramon se lembrou dele, o senhor negro de barba e cabelos grisalhos, entrou sorrindo no cômodo onde estava e exclamou:

— Até que enfim acordou!

— Dormi muito? — perguntou o ferido.

— Dias! Para ser exato, seis dias. Como está?

— Não sei. Quem sou?

— Meu nome é Zeca — respondeu o homem.

— Sim, Zeca... — falou Ramon e perguntou: — E eu, quem sou?

— Como? Você não sabe quem é?

— Não me lembro! — queixou-se Ramon e passou a mão pela cabeça, percebendo que estava enfaixada. — Estou ferido?

— Você deve estar perturbado. Vou lhe contar o que sei. Moro aqui sozinho. Na tarde de terça-feira, estava aqui descansando, tinha acabado meu trabalho, quando me deu vontade de ir pegar uns galhos de arnica, uma planta medicinal. Tem umas plantas de arnica do outro lado da estrada. Fiquei inquieto para ir, mas nem precisava delas. Aí peguei o meu Chevete (o meu carrinho de mão, chamo-o de Chevete) e fui. No caminho, vi uns galhos secos bons para acender fogo e os peguei. Ia seguir quando escutei uns gemidos e fui ver quem gemia: era você. Estava desacordado e ferido na cabeça.[3]

— Colocou-me no carrinho... — falou Ramon.

— Você viu?

— Não sei, penso que sim. Mas e aí?

— Trouxe você para minha casa e cuidei de você — respondeu Zeca. — Tenho feito curativos com ervas no seu ferimento na cabeça, tenho lhe dado caldos, água e chás.

— Agradeço, senhor.

— Chamo-me Zeca. Vou trazer um prato de comida. Deve se esforçar para se alimentar.

---

3. N.A.E.: Com toda certeza, o espírito bondoso tentou e felizmente conseguiu auxiliar Ramon. A desencarnada foi ver se alguém por perto poderia encontrá-lo e socorrê-lo. Achando Zeca, tudo fez para que ele fosse à estrada para ajudá-lo. Zeca a atendeu sem entender o porquê da estranha vontade de pegar a planta. Se Zeca não atendesse ao apelo do espírito socorrista, o físico de Ramon padeceria, e ele teria desencarnado.

Zeca falava errado, tinha as mãos calejadas e vestia roupas muito simples. Pelo barulho, Ramon concluiu que a cozinha era atrás da cortina de palha que fechava o vão do pequeno quarto. Instantes depois, Zeca voltou com um prato de comida: arroz, feijão e pedaços de carne de frango. Ramon achou a comida saborosa e elogiou:

— Está gostoso! Quem fez?

— Eu, oras! Não falei que moro sozinho? — respondeu Zeca.

— Por quê?

— Por que o quê? Moro sozinho!

— Preciso ir ao banheiro — pediu Ramon.

— Não tenho banheiro — Zeca sorriu. — Mas é fácil, ajudo-o a ir ao cercadinho.

Ramon tentou se levantar sozinho, mas ficou tonto. Zeca ajudou-o a se levantar e o amparou para caminhar. Passaram pela cortina de palha, e o convalescente viu que o casebre era de dois cômodos: o outro era a cozinha, onde havia duas cadeiras, um fogão e uma pequena prateleira com canecos e panelas. Ao passar pela porta de entrada, Ramon fechou os olhos por causa da claridade. O sol irradiava toda sua beleza e poder. Abriu os olhos devagar e viu que o casebre parecia estar escondido entre as árvores. O cercadinho era feito com paus de um metro e vinte centímetros de altura e, no centro, havia um buraco.

— É aqui que tomo banho — falou Zeca, mostrando um filete d'água que corria perto de seu lar.

Depois de ter usado o cercadinho, Ramon pensou que ia perder os sentidos, e Zeca o ajudou a se sentar num banco encostado na parede da casa.

— Gostou do lugar? — perguntou o dono da casa.
— Diga-me como você se chama.

— "Chama"?

— Seu nome? — insistiu Zeca.

— Não sei... Zé...

— Deve ser José como eu. Sou Zeca e você é o Zé. E aí, Zé? Gostou do lugar?

— Ah, sim, é bonito! Quero me deitar, por favor.

— Você é educado e fala direito — observou Zeca. — Vou ajudá-lo.

Deitou e dormiu. Por dias ficou assim: dormia, acordava, andava com dificuldades, e Zeca o ajudava a ir ao cercadinho, a tomar banho... Comia e falava pouco.

— Não me recordo de nada. Parece que nasci quando acordei aqui — reclamou Ramon.

— Deve ser por causa da pancada na cabeça — concluiu Zeca. — Seu ferimento foi feio, profundo e sangrou muito.

Seu anfitrião lhe fazia curativos que doíam, mas suas feridas foram cicatrizando, e Ramon foi se sentindo mais forte.

— Zeca, estou dormindo na sua cama e você no chão, não é certo. Estou me sentindo melhor e posso dormir no chão.

— Eu sou o dono da casa e determino: durmo aqui e você aí, hóspede deve ser bem tratado.

Às vezes Ramon sentia medo dele e não discutia.

— Zé, seus cabelos estão crescidos, assim como a sua barba. Não tenho nada para fazer a barba, tenho somente esta tesoura com a qual corto meus cabelos. Pegue-a e faça como eu.

A tesoura era velha, enferrujada, e o primeiro trabalho daquele hóspede desmemoriado foi pegar uma pedra e com ela tirar a ferrugem da tesoura, amolando-a. Cortou seus cabelos, aparou a barba e o bigode.

— Você parece ser trabalhador — elogiou Zeca. — Com certeza iremos combinar, não gosto de preguiçosos.

— Conte-me, Zeca, por favor, tudo de novo: como me encontrou e se estava somente com esta roupa — pediu o convalescente.

— Sim, você estava somente com esta roupa, não tinha documentos, nada, nem cantil.

— Quem você pensa que sou? — perguntou Ramon.

— Um bandido! Um fora da lei, um procurado pela polícia.

— Isso é ruim, não é?

— É — respondeu Zeca. — Também sou um criminoso. Há doze anos, estuprei uma mulher. Foi assim: Maria Isabel, era o nome da moça, era muito assanhada e brincou com meus sentimentos: olhava-me, pedia presentes, mandava-me fazer coisas para ela, e eu, apaixonado, fazia e dava tudo o que ela queria. Um dia a vi com um moço e fui conversar com ela, que riu de mim e disse que o jovem era seu namorado. Esperei-a passar pela estrada, peguei-a e a estuprei, deixando-a muito ferida. A polícia me prendeu e sofri muito na cadeia. Foi um horror tão grande que nunca mais consegui me relacionar sexualmente com ninguém. Foi muita maldade. Um dia um grupo organizou uma fuga e fugi com eles, separei-me dos companheiros e vim para cá. Vivo escondido: às vezes vou à cidade, uma pequena metrópole situada do outro lado do morro, e peço esmolas, ganho roupas, açúcar, sal e vou vivendo.

— Não foi julgado? — Ramon quis saber.

— Você sabe das coisas! — exclamou Zeca. — Não fui julgado, esqueceram-me na cadeia.

— Por que você pensa que eu sou bandido?

— Trouxe você para cá, estava desacordado: limpei você, fiz curativo nos seus ferimentos, tentei lhe dar chás, água, e você nem se mexia, mas respirava. Passei a noite ao seu lado. Pela manhã, assim que clareou, voltei ao local onde o encontrei para pegar os galhos que estavam no meu Chevete e que havia deixado perto de onde você estava caído. Lá, olhei por tudo e não achei mais nada. Levantei o capim e tentei tirar todas as evidências de que você havia estado caído entre o capinzal. Peguei meus galhos e vim embora. Fiquei atento e, dias depois, vi de longe policiais passando pela estrada procurando por alguém. Também estavam à procura de alguém uns homens, empregados de um fazendeiro poderoso da região, que, para mim, é um bandidão: todos por aqui têm medo dele, mas, como é rico, nada lhe acontece. Então, fiquei quieto, mas também nenhum dos que o procuravam me perguntou nada nem me viu. Deixei-o aqui bem escondido. Se a polícia o encontrar, será preso e, se os homens do fazendeiro o fizerem, provavelmente será morto.

— Alguém deve ter me ferido. Mas quem? — perguntou Ramon.

— Mistério! — respondeu Zeca. — Será que brigou com seus comparsas? Enquanto não lembrar, é melhor ficar escondido. Porque, Zé, a prisão é um verdadeiro inferno, ou até pior, porque com certeza no inferno os capetas não humilham tanto seus condenados.

— Será que não irei me lembrar de nada?

— Não sei... Talvez... Por que não se esforça?

— Parece que não me chamo Zé — disse Ramon —, recordo-me de "Zé" e algo mais. Um nome, mas não consigo saber o que seja.

Ramon, sentindo-se melhor, passou a ajudar Zeca, ele tinha um pequeno cercado com galinhas. O jovem convalescente cercou o galinheiro novamente e pegava cupins, abundantes por ali, para alimentá-las. Cuidou da pequena horta, consertou o telhado, fez novas cadeiras, outra cama e colchões de palhas. O casebre melhorou bastante. Ele gostava dali, das árvores, de ver as estrelas à noite e se encantava com a lua cheia.

— Zé — comentou Zeca —, você entende de trabalhos do campo, deve ter morado em alguma fazenda, sabe fazer muitas coisas. Estão acabando meu sal e açúcar, e tenho de ir à cidade. Logo fará frio e necessitaremos de roupas e agasalhos. Na minha ausência, você fica aqui e cuida de tudo. Vou amanhã cedo.

— Há quanto tempo estou aqui? O inverno é rigoroso neste lugar? — perguntou Ramon.

— Faz frio, sim, e você está aqui há meses.

— Como você vai à cidade?

— Andando, oras — respondeu Zeca. — Vou por um atalho que somente eu conheço e depois pela estrada, na volta faço o mesmo caminho. Digo às pessoas da cidade que moro no alto da montanha.

— Quando você ia, como fazia com as galinhas?

— Não demorava muito e ficava preocupado, mas não tinha outro jeito. Água, as galinhas têm, já que o filete passa pelo galinheiro. Dava, antes de ir, muita comida a elas, mas já voltei e encontrei algumas mortas. Desta vez estou indo tranquilo, pois você tratará delas. Talvez demore mais, tenho de pedir mais roupas agora que somos dois.

No outro dia cedo, Zeca saiu, e Ramon se sentiu aliviado: embora o dono da casa não tivesse mostrado agressividade, tinha medo dele. A solidão lhe fez bem. Cuidou de tudo.

E começou a ter algumas lembranças: de uma horta verdinha e sortida, da sensação de ter morado em uma casa melhor e com flores. Recordou-se dele caído ferido e da luz, da senhora lhe sorrindo, de Zeca o socorrendo, dele a cavalo, de um homem saindo das árvores e de ser atacado. Queria lembrar quem era, o que fazia na estrada e não queria ser bandido. Esforçou-se para recordar mais e, de repente, orou: Ave Maria...

— Meu Deus! Estou orando! Recordo-me da oração! — exclamou chorando.

capítulo 5

O encontro

Ramon gostou de ficar sozinho e pensou várias vezes em ir embora, aproveitando a ausência do dono da casa.

"Não sei ir pela montanha", pensou, "mas lembro do atalho que vai dar na estrada onde fui ferido. Estradas sempre levam a lugares. Mas, estando lá, para onde irei? O que encontrarei? Que rumo terei de tomar? Serei mesmo um bandido procurado pela polícia ou pelas pessoas a quem prejudiquei? Ao chegar na estrada devo ir para que lado? Como farei para me alimentar?"

Com tantas indagações, receou, desistiu, esperou por Zeca e trabalhou bastante. Estava esfriando: tampou os vãos da janela, da porta; fechou as frestas do telhado; fez, para as galinhas se abrigarem, um cercado fechado com poleiros.

Zeca voltou depois de oito dias. Trouxe dois enormes sacos. Estava cansado, tomou banho e foi dormir. Foi somente no outro dia que contou sua aventura.

O Caminho de Urze

— Zé, demorei mais do que o previsto porque fui roubado.

— Como "roubado"? Você não tem nada!

— Como não? — Zeca indignou-se. — Ganhei muitas coisas. Foi assim: cheguei à cidade e me arrumei debaixo de uma ponte para passar as noites que ia ficar por lá. Pedi comida, e as pessoas caridosas me deram; então não passei fome e me alimentei bem. Não peço dinheiro, mas o que necessito: fósforo, açúcar, sal e roupas. Carregava comigo o que ganhava durante o dia e deixava perto de mim à noite. No outro dia cedo, colocava num saco grande de plástico e escondia tudo entre os arbustos. Tinha decidido vir embora no quarto dia pela manhã e, quando fui pegar o que tinha ganhado, vi os sacos remexidos, pegaram muito das minhas coisas. Eu chorei. Senti como é doloroso ser roubado.

— Por que isto nos acontece? — perguntou Ramon queixoso. — Eu, sem memória, talvez tenha sido um ladrão, talvez tenha pegado pertences alheios sem imaginar como traz sofrimento para o dono ficar sem estes objetos. E você, por que foi roubado?

— Não acontece nada que não deveria acontecer. Não reclame!

— E depois, o que ocorreu? O que você fez? — quis Ramon saber.

— Uma senhora muito bondosa, que sempre me ajuda, me auxiliou. Fui à casa dela e contei o que aconteceu. Ela me deu mais coisas e permitiu que eu guardasse à noite meus pertences em seu lar. Tive de pedir de novo, contei a todos que havia sido roubado e ganhei bastante coisas. Ontem cedo peguei os sacos na casa desta senhora e vim embora. Vi o que você fez no galinheiro, as galinhas estarão protegidas do frio, e você também vedou as janelas e a porta, estaremos mais aquecidos. Vou lhe mostrar o que ganhei, mas antes vou rezar e pedir a Deus que o "Deus lhe pague" que eu disse a quem me deu seja ouvido por Ele.

Zeca orou as orações Pai Nosso e Ave Maria, esqueceu algumas frases, modificou outras e terminou rogando:

— Que nunca falte pão e alegria nos lares destas pessoas e que elas sejam por Deus abençoadas!

— Amém! — exclamou Ramon emocionado.

Abriu os sacos, e os dois foram guardando as caixas de fósforos, algumas velas, açúcar, sal, alguns alimentos e as roupas.

— Veja, Zé: ganhei cobertores, estas roupas lhe servirão, temos dois paletós bem quentes.

Ficaram contentes. E, junto, embrulhando alguns objetos, estavam umas folhas de jornal. Ramon as pegou e leu.

— Nossa! O presidente mudou!

— Você sabe ler! — exclamou Zeca. — Trouxe aqui uma revista que achei na rua. Vi umas figuras bonitas e peguei.

Ramon guardou as folhas de jornal e as leu muitas vezes para Zeca, assim como a revista, que era sobre viagens.

E o jovem foi tendo mais lembranças. Os rostos dos pais, de sua casa, de um lugar com flores, de uma estrada e de um nome: Urze.

— Zeca, estou tendo algumas lembranças. Sou de Urze. Você conhece alguma cidade que se chame Urze?

— Não conheço.

O inverno foi rigoroso, os dois saíam do casebre somente durante o dia e para trabalhar. As noites eram longas, e eles não tinham mais assunto para conversar. Assim que começou a esquentar, Zeca foi novamente à cidade pedir alguns alimentos e voltou, desta vez, quatro dias depois, trazendo muitas revistas e jornais. Ramon se alegrou, distraiu-se ao ler, e estas leituras o fizeram recordar mais coisas. O verão chegou: os dias quentes e longos eram mais agradáveis e convidativos a andar pela região. Ramon pensou muito e decidiu.

— Zeca, tenho certeza de que tenho pais e me lembro de minha avó, gostava dela. Recordo-me de um sítio, penso que morava nele. E o local chama Urze. Estudei, leio os jornais e entendo as notícias. E tenho quase certeza de que não sou ladrão, fui assaltado. Não quero ficar nesta agonia, preciso saber quem sou. Quero ir à cidade e tentar saber quem eu sou.

— Se você quer ir, eu o levo. Porém, Zé, se você não é procurado pela polícia, eu sou! Não conte comigo para ajudá-lo. Se você quer saber quem é, deve se responsabilizar por isso, ou seja, não deve temer as consequências. Se for ladrão, será preso.

— Mas, também — falou Ramon —, verei minha família. Talvez eles estejam preocupados comigo e sofrendo pelo meu desaparecimento.

— Terá de ir à delegacia. É lá que eles sabem se existem pessoas desaparecidas que são procuradas. Levo você à cidade. Mas, para você não saber onde fica meu casebre, caso a polícia queira me prender, vou vendar seus olhos e o guiarei pelo atalho na montanha. Deixo-o na cidade e você terá de se virar sozinho. Quer?

— Quero e agradeço. Zeca, não é mais fácil ir pela estrada onde me encontrou?

— Aquele caminho — respondeu o dono do casebre — vai dar somente nas fazendas, não chega à cidade mais próxima. A estrada para chegar lá não passa por aqui perto; se passasse, eu iria por ela.

Conversaram muito sobre isso, e Ramon estava cada vez mais com vontade de se recordar e de se encontrar com aqueles rostos que vinham em sua mente e que, para ele, eram dos pais e da avó.

Marcaram o dia para ir, e Zeca lhe deu as últimas recomendações:

— Diga a todos que foi ferido e que um andarilho o ajudou, levou-o para o alto da montanha e, quando você estava bem, ele foi embora, e aí você ficou sozinho numa cabana. Não fale de mim, não seja ingrato e não me denuncie.

— Juro! — exclamou Ramon com sinceridade.

— Quero acreditar! Prefiro acreditar. Penso que não mereço receber uma ingratidão. Não se esqueça, vá à delegacia, conte o que combinamos e peça para verificarem se está registrado o seu desaparecimento. Penso que sim, já que a polícia o procurou. E aí saberá quem você é. Desejo de coração que você não prefira o esquecimento.

— Como assim? — perguntou Ramon.

— O esquecimento, para muitos, é um bálsamo. Lembranças podem ser dolorosas. O que encontrará depois de um tempo sumido? Talvez o esquecimento de algumas pessoas em relação a você.

No outro dia partiram. À noite, Ramon demorou a dormir, estava ansioso. Assim que clareou, os dois se levantaram e, como sempre, o desjejum era ovos com caldo de feijão. Ele não levaria nada, ia somente com a roupa que escolheu, a melhor. Despediu-se intimamente de tudo. E, assim que chegaram ao início do atalho, Zeca lhe vendou os olhos e o guiou segurando pela mão.

Pararam algumas vezes, tomaram água, descansaram por minutos, mas Ramon não foi desvendado. Caminharam por quatro horas, e Zeca tirou a faixa de pano de seus olhos.

— Penso que você agora pode ver. Estamos perto da estrada.

Ramon sentiu-se aliviado por enxergar. Desceram a montanha por uma trilha com muitas pedras.

— Ali é a estrada! — mostrou Zeca. — Agora vá sozinho! Vou voltar.

Ramon quis abraçar o amigo, que o empurrou.

— Homem não me abraça mais!

— Desculpe-me — pediu Ramon. — Quero agradecer-lhe e desejar que o meu "Deus lhe pague" seja de eterna bênção.

— E que também seja um apelo para Deus me perdoar. Que o Pai Eterno leve em conta meus atos bons e que eles anulem o mal que cometi.

— Assim seja! Adeus!

Ramon exclamou e desceu o pedaço que faltava para chegar à estrada. Mas antes olhou para trás e não viu mais o amigo. Teve, porém, a impressão de que Zeca o espiava atrás de uma pedra.

Seguiu pela estrada. Sentia-se confuso, com medo, mas esperançoso.

"O que será que irá acontecer comigo? Encontrarei minha família? Terei uma?"

Seu coração batia descompassado. Seguiu em frente, embora tenha sentido por umas duas vezes vontade de voltar correndo e gritar por Zeca.

Meia hora seguindo pela estrada, apareceram as primeiras casas. Ramon recordou-se de como era uma cidade. Ao ver um senhor, perguntou:

— Como chego à delegacia?

O senhor explicou, ele agradeceu e rumou para o local indicado. Minutos depois estava na frente da delegacia. Um guarda o atendeu.

— Por favor — pediu Ramon —, gostaria de obter uma informação. É sobre pessoas desaparecidas. O delegado pode me atender?

O guarda o mandou entrar e esperar numa sala. Ramon acomodou-se numa cadeira, e logo o guarda voltou e lhe informou:

— O delegado vai recebê-lo, acompanhe-me.

Abriu uma porta, e ele entrou numa sala ampla e arejada, o guarda fechou a porta. Ramon cumprimentou um homem que estava sentado à frente de uma escrivaninha.

— Quer conversar comigo? De que se trata? — perguntou o delegado.

O jovem havia até ensaiado a conversa, mas estava nervoso, então preferiu ir direto ao assunto.

— É sobre pessoas desaparecidas.

— Quem desapareceu? — perguntou o delegado.

— Eu mesmo.

— Como?! Explique! — ordenou o delegado. — Não gosto de brincadeiras.

— Senhor, não estou brincando. Olhe minha cabeça, fui ferido e perdi a memória, não sei quem sou. Comecei recentemente a me lembrar de algumas coisas. Vim aqui para o senhor me ajudar. Quem sabe não estou na lista de pessoas desaparecidas?

— Sabe seu nome?

— Não, senhor.

— Não se lembra de nada mesmo? — quis o delegado saber.

— De um nome Urze. Talvez seja de um lugar com este nome.

— Urze? Só se for longe daqui. Por aqui não existe nada com este nome. Quando você foi ferido? Em que data? Sabe me dizer.

— Foi numa primavera, anterior a essa passada. Não sei o mês nem o dia — respondeu Ramon.

— Vou mandar alguém procurar no nosso arquivo. Espere na outra sala.

Ramon saiu da sala e voltou para a outra, onde esperaria, e viu o guarda tomando café.

— Quer? — ofereceu o guarda.

— Café? Café com pão? Quero! — exclamou Ramon.

Sentou-se ao lado do guarda que o serviu.

— Que delícia! Há muito tempo não tomo café nem como pão!

Saboreou o alimento e se recordou que, em seu lar, tomava café e pão com manteiga.

Quarenta minutos depois, o delegado o chamou e indagou:

— Você sabe em que lugar foi ferido?

— Na estrada que fica entre as fazendas do outro lado das montanhas.

— Este aqui pode ser você!

O delegado lhe mostrou uma folha com uma foto, onde estava escrito Ramon.

— Acho que é você — disse o delegado, observando-o. — Com esta barba grande e esses cabelos mal cortados, não dá para ter certeza. E também está mais magro. Vou mandar cortar seus cabelos e fazer a barba.

— Senhor, não tenho dinheiro — falou Ramon.

— Vai cortar os cabelos, o guarda o levará ao barbeiro. Se você for este Ramon, com certeza sua família pagará seus gastos. Se não for, o estado paga.

Ramon acompanhou o guarda ao barbeiro e, ao fazer a barba, lembrou-se como fazia. Sentiu-se inquieto, tenso e com medo.

Quando voltaram à delegacia, teve de esperar pelo delegado, que saíra. O guarda lhe deu o almoço. Esperou inquieto.

O delegado retornou, e ele e o guarda o compararam à imagem da foto, concluindo que ele era Ramon. O delegado telefonou para a delegacia que constava naquela ficha. Os telefonemas naquela época não eram fáceis, tinha de se pedir para a telefonista e esperar para completar a ligação. Foi possível falar somente à noite. Ramon escutou o delegado falar:

— O moço é muito parecido com o da foto. Ele perdeu a memória, somente lembra de um lugar: Urze. Não é aí? Entre, por favor, em contato com a família: este moço foi ferido na estrada onde esse Ramon foi visto pela última vez. Peça para alguém da família vir aqui, e o mais rápido possível, porque este jovem não tem onde ficar.

O delegado deixou que ele dormisse numa cela que estava vaga, tomasse banho e mandou que lhe dessem alimentos.

A delegacia da cidade, pequena e pacata, era minúscula, tinha quatro celas e somente duas ocupadas por dois presos. A cela que Ramon ocupou tinha quatro leitos de alvenaria com colchões, e a porta ficava aberta. O chuveiro ficava num canto, era um cano com água fria. Envergonhado, tirou a roupa e se lavou num minuto, pois era visto pelos outros presos e por quem estivesse pelo corredor. Enxugou-se numa toalha velha que o guarda lhe deu e, não tendo outra roupa, colocou a mesma. Havia somente um ralo cobertor: cobriu-se, sentiu frio e tentou dormir, porém somente cochilou. Sentiu muito medo e se lembrou do amigo.

"É por isso que Zeca tem trauma da prisão. Ficar trancafiado não é nada agradável e deve ser bem pior ficar numa cela com outras pessoas."

Orou muito, foi bem alimentado e saboreou com gosto o café e o pão com manteiga. Conversou com os outros dois presos. Um havia matado a esposa por esta tê-lo traído, e o outro havia roubado.

— Você não se arrepende? — perguntou Ramon ao que havia assassinado a mulher.

— Não sei. Estou esperando o julgamento e esperançoso de não ser condenado, mas meu advogado afirmou que os jurados não têm aceitado mais a desculpa de assassinato pela honra. A prisão é triste, monótona, aqui nada acontece. Estou achando que o melhor era tê-la mandado embora. Mas eu a amava!

— Eu — disse o outro detento — não deveria ter roubado. Quando sair daqui, vou trabalhar! Não quero mais roubar.

Ramon podia sair da delegacia e o fez, andou pela cidade e lembrou que era aonde Zeca ia pedir esmolas. Caminhava pelas ruas e voltava à delegacia. Dois dias depois, o guarda o chamou.

— Venha à sala! Pessoas o esperam.

Ramon acompanhou o guarda, estava nervoso.

— Filho! — gritou uma mulher.

O jovem os olhou e reconheceu o pai, a mãe e o irmão. Desmaiou. Acordou sentado numa cadeira, o pai segurava sua mão, e a mãe acariciava seu rosto. O encontro foi emocionante.

— Ramon, meu filho!

— Mamãe! Pai! Rodolfo! Recordo-me de vocês! Meu Deus! Obrigado!

— Vamos almoçar! Vamos a um restaurante — falou o senhor Alfeu querendo tirá-lo logo da delegacia.

Ramon os seguiu sem entender direito o que estava acontecendo, continuou inquieto. As lembranças vinham à sua mente um tanto confusas.

— O sítio! O trabalho extra! Levei os cavalos, ia voltando e fui assaltado, ferido! — exclamou o jovem.

Mostrou a cicatriz na cabeça. A mãe o abraçou.

— Filho, como sofremos por não saber de você. Onde esteve?

Ramon lembrou-se das recomendações de Zeca e respondeu:

— Um andarilho me socorreu, levou-me para a montanha, cuidou de mim por uns dias, depois fiquei lá sozinho e não me lembrava de nada.

— Como viveu sozinho? Como se alimentava? — perguntou o irmão.

— Lá tinha frutas, galinhas e uma pequena horta, de onde tirei meu sustento. Comecei a ter pequenas lembranças e aí desci a montanha, vim à cidade e pedi ajuda na delegacia.

— Você recordará de tudo — falou o pai. — Levaremos você ao médico, cuidaremos de você e, com nosso carinho, logo ficará bom. Dormiremos aqui esta noite, iremos para casa amanhã. Agora vamos nos alimentar, depois iremos a um hotel. Vou voltar à delegacia mais tarde para agradecer o delegado e os guardas.

Ramon estava confuso e com muita dor de cabeça. A mãe lhe deu um comprimido para dor. Almoçaram e foram para o hotel. No quarto, dona Cida, incomodada pelo filho estar com a roupa suja, pediu:

— Tome agora um bom banho.

— Lembro-me do banheiro! Meu Deus! O chuveiro de água quente!

Alegre, tomou banho, vestiu as roupas que os pais trouxeram. O senhor Alfeu retornou da delegacia e contou:

— Agradeci lá a todos que o ajudaram e paguei toda a despesa que tiveram com você.

O jovem, acostumado a dormir logo que escurecia, teve sono assim que o sol se pôs. Mas os pais, eufóricos, ficaram conversando sobre a viagem, sobre a alegria de encontrá-lo. Foram dormir e ficaram os quatro no mesmo quarto, queriam ficar perto do filho, também porque receavam, já que Ramon estava confuso. No outro dia, assim que começou a clarear, ele despertou e acordou os outros. Arrumaram-se para ir para casa.

— Esse carro é meu — Rodolfo mostrou o veículo ao irmão. — Não é novo, mas está em bom estado, comprei-o a prestações.

Acomodaram-se no carro, e Rodolfo foi dirigindo. Ramon se sentou no banco de trás com a mãe. Viajaram conversando.

— Quando o delegado da cidade — contou o senhor Alfeu — veio em casa e disse que talvez você tivesse sido encontrado, sua mãe ficou desesperada para vir, então pedimos ao Rodolfo para nos trazer. Ainda bem que viemos.

Falaram do sítio, e Rodolfo, da infância deles, das traquinices, e riram. Ramon por muitas vezes ficava calado, sentia a cabeça doer e foi lembrando de tudo o que eles falavam.

— De fato — disse o jovem —, chamo-me Ramon. Lembro do meu nome, de onde estudei e do sítio.

Quando chegaram, Ramon suspirou, e as lembranças vieram mais nítidas.

— Mamãe, recordo-me de tudo! É como se tivesse saído ontem e voltado hoje! Cadê vovó Cidália? Vó! — gritou ele.

Foi Rivaldo quem saiu na porta da casa de sua avó e veio correndo abraçá-lo.

— Ramon! Meu irmão!

A mãe puxou-o para dentro da casa.

— E vovó? — perguntou o jovem.

— Ramon, meu filho — disse o pai —, você esteve longe por um tempo e muitas coisas mudaram. Sua avó Cidália faleceu. Rivaldo casou-se, a namorada dele ficou grávida, e vieram residir na casa em que sua avó morava.

— O que mais mudou? — quis Ramon saber.

— Ah, muitas coisas! — respondeu Rivaldo.

— Zé... E Zenilda?

— Porque você não descansa? — pediu a mãe — Vou preparar o jantar.

Ele se lembrou nitidamente da namorada. Ficou ansioso para vê-la e insistiu:

— E Zenilda? Ela sabe que eu iria chegar? Não veio me esperar?

— Não tínhamos certeza de que era você. Agora vou avisar à família toda.

— E Zenilda? — insistiu Ramon impaciente.

— É melhor você saber logo! — exclamou Rivaldo. — Zenilda saiu de sua vida. Ela se casou!

Ramon sentiu que tonteava, o pai teve de segurá-lo para não cair. A mãe ralhou com o caçula.

— O que mais eu perdi? — perguntou Ramon.

— Não sei — respondeu o irmão. — Penso que terá de conferir.

— Quero me deitar, estou com muita dor de cabeça.

Os pais acomodaram-no na sua antiga cama. A mãe lhe deu dois remédios com chá.

— Tome, meu filho, este comprimido é para dormir, e este outro é para dor.

Ramon tomou e logo não viu ou escutou mais nada. Adormeceu sob o efeito do remédio.

capítulo 6

Amargas decepções

Ramon acordou com sua mãe o chamando.

— Levante-se, filho, vamos levá-lo ao médico. Penso que você precisa de um tratamento.

Ele levantou e agiu como um robô. A mãe o levou ao banheiro, serviu o desjejum e o ajudou a trocar de roupa. O jovem permaneceu calado. A mãe o puxou para fora de casa, e ele olhou a antiga casa da avó. Suspirou e pensou: "Nem chorei sua morte! Amo a senhora, vovó! Sinto saudades".

Rodolfo os levou de carro. Os pais o acompanharam, e os três foram conversando eufóricos, tentando alegrá-lo. Chegaram à cidade menor e foram direto ao consultório de um médico conhecido, dedicado, um clínico geral.

— Enquanto Ramon se consulta — disse Rodolfo —, vou resolver uns problemas. Vamos marcar um horário para pegá-los.

Ramon continuou apático, mas, ao ver a igreja, a praça, a escola, emocionou-se. Pareceu-lhe que não se ausentara porque nada havia mudado, tudo continuava como sempre fora.

Entraram no consultório e logo o médico os recebeu e o examinou. A pressão arterial estava normal, assim como os batimentos cardíacos, a respiração. O clínico olhou demoradamente para a cicatriz na cabeça dele e fez inúmeras perguntas, às quais, quase todas, Ramon respondeu com os monossílabos "sim" e "não".

— Dona Cida — disse o médico —, vou pedir alguns exames para saber melhor como seu filho está. Aparentemente ele está bem, creio que necessita de boa alimentação e de vitaminas. Aqui está a receita, assim que os exames ficarem prontos, traga-os aqui e que ele venha junto.

Agradeceram e saíram.

— Pensamos que íamos demorar no consultório e teremos de esperar por Rodolfo uma hora e meia. Vou ao armazém de café saber o preço da saca — disse o senhor Alfeu.

— Vou comprar os remédios — falou dona Cida — e depois vou à igreja orar e agradecer a Deus por termos encontrado nosso filho.

— Mamãe — pediu Ramon —, enquanto a senhora compra os remédios, posso ir ali, na frente do bar? Estou vendo dois amigos e quero cumprimentá-los. Encontro depois a senhora na igreja.

Dona Cida ficou por instantes sem saber se permitia ou não. Acabou por concordar, o filho necessitava se enturmar novamente e, como o médico tinha afirmado que ele estava bem, foi comprar os remédios.

Ramon aproximou-se dos amigos e foi abraçado.

— Alegro-me em vê-lo! Pensei, ainda bem que erroneamente, que você havia morrido. Seja bem-vindo! — exclamou Paulo, um dos amigos.

Rapidamente outras pessoas se aproximaram, cumprimentaram-no e quiseram saber o que lhe aconteceu.

— Vou contar a vocês — falou Ramon — e, por favor, contem depois a todos que queiram saber para que eu não tenha que repetir muitas vezes a mesma história. Fui fazer um trabalho para o senhor Legório. Na volta, fui assaltado e fiquei muito ferido. Olhem a cicatriz na minha cabeça. Um senhor bondoso me ajudou, fiquei num casebre, recuperei-me, mas perdi a memória. Este senhor foi embora e eu fiquei na montanha sozinho. Aí comecei a ter algumas lembranças, fui à cidade, o delegado me ajudou, e meus pais foram me buscar; ao vê-los, lembrei de tudo.

Umas dez pessoas o rodearam e escutaram em silêncio e atentas, mas, assim que Ramon se calou, fizeram perguntas:

— Quem era esse andarilho?

— Você passou fome? Está magro!

— Sentiu medo?

— Tem como provar o que diz?

— Basta! — ordenou Paulo — Para quê vocês querem saber de detalhes? Vamos, Ramon, nos sentar num banco da praça e só nós dois.

Puxou-o pelo braço, atravessaram a rua e se sentaram num banco.

— Não ligue, amigo — pediu Paulo —, você sabe como as pessoas gostam de saber tudo o que acontece com os outros.

— Penso que enquanto eles não souberem de tudo não sossegarão. Por favor, vou lhe contar e você repita para eles.

Contou o que já havia dito aos pais. Paulo não comentou, e os dois ficaram alguns instantes em silêncio, até que Ramon perguntou baixinho:

— E Zenilda?

Por uns segundos o jovem pensou que o amigo não o escutara, mas Paulo suspirou e respondeu:

— Amigo, Zenilda casou-se. Quando você desapareceu, houve muitos comentários, e a mãe dela, a arrogante dona Adélia, aproveitou para empurrar a filha para um bom partido. Ela começou a namorar o Hércio, que mora na cidade vizinha e é filho de um senhor rico e importante. Ficaram noivos e logo aconteceu o casamento. Foi há três meses, e eles residem lá na outra cidade. Ainda bem que vocês tiveram somente um namorico, não foi? Isso, esses desencontros amorosos, estão sempre acontecendo. Lembra que eu namorava a Rosinha? Namoro firme, pensávamos em noivar, e ela me traiu. Namorando comigo, arrumou outro e ainda me disse que era com ele que queria ficar. Doeu bastante a traição, também porque fizeram gozações, riram de mim, e eu me senti ridículo. Mas passou, tudo passa, hoje estou namorando outra.

Ramon sorriu para o amigo, era preferível que pensassem que Zenilda e ele haviam tido um namoro sem importância. Conversaram mais um pouco, Paulo lhe deu notícias dos amigos.

— Preciso me encontrar com minha mãe — disse Ramon, levantando-se do banco. — Obrigado, Paulo, nos encontraremos por aí. Tchau.

Andando devagar, foi para a igreja e se sentiu revoltado.

"Zenilda não podia me esquecer tão rápido assim! Nunca a perdoarei! Mas será que ela quer o meu perdão? O amor existiu, mas somente de minha parte. Ela não me amou! Maldita! Ingrata! Zeca tinha razão ao me dizer que às vezes não se lembrar de nada é uma bênção. Zeca! Como você me fez mal! Poderia ter me socorrido, mas depois ter ido buscar ajuda ou me levado para um hospital. Podia ter contado aos policiais onde eu estava. Se tivesse recebido socorro médico, talvez não tivesse perdido a memória, meus pais teriam cuidado de mim, e Zenilda não teria arrumado outro namorado. Odeio você também, Zeca! Mas não vou denunciá-lo! Prometi! Mas merecia!"

Entrou na igreja, viu sua mãe ajoelhada orando e se sentou ao lado.

— Filho, estou agradecendo a Deus pela sua volta. Ore também, agradeça!

Ramon ajoelhou-se, mas não agradeceu nem orou, pensou somente: "O senhor, Deus, não foi nem um pouco generoso comigo. Estava fazendo um trabalho, fui ferido, mandou um de seus anjos me perguntar se queria morrer.

Pensa que não me lembro? Pois me recordo de tudo! Depois mandou um criminoso ignorante me ajudar e me atrapalhou mais ainda. Resultado: estou infeliz! E a culpa é do Senhor! Não lhe agradeço nada! E, preste atenção, estou reclamando!".

O jovem sentou-se de novo e, como a mãe o olhou, ele explicou:

— Não estou me sentindo bem, quero ir embora.

— Faltam ainda trinta minutos para o seu irmão nos buscar. Quer esperar lá fora?

Ramon pensou que lá fora, na praça, com certeza iria encontrar pessoas que, curiosas, lhe fariam mais perguntas. Preferiu ficar e respondeu:

— Vou ficar aqui, mas sentado.

A mãe continuou a orar, a agradecer. Ele, sentindo-se revoltado, preferiu ficar quieto. Sentia, naquele momento, raiva de Zeca, muita mágoa de Zenilda e muito, mas muito mesmo, dó de si mesmo.

"Zenilda deve ter se casado nesta igreja. Como será que ela ficou vestida de noiva? Com certeza muito bonita. Será que estava feliz? Hércio a ama? E ela a ele? Tomara que os dois sejam muito infelizes, que fiquem doentes e que morram."

Seu pai entrou na igreja, agradeceu também e, no horário marcado, o irmão os buscou e retornaram ao sítio. Começaram as visitas. Ramon tentava, esforçava-se mesmo para ser educado, mas pedia:

— Mamãe, por favor, conte a eles o que aconteceu comigo.

E se a visita demorava, falava:

— Desculpe-me, estou cansado, com dor de cabeça. Devo, como o médico recomendou, descansar. Vou me deitar um pouco.

A cabeça já não doía tanto, porém estava apático, sofria tanto pela decepção amorosa que chegava a sentir--se mal fisicamente.

— Zenilda! Zenilda! Por que você fez isso comigo?! — indagava a toda hora.

Fez os exames que o médico pediu, e os resultados foram satisfatórios, só tinha uma leve anemia.

— Marquei dentista para você, filho. Sua mãe o acompanhará amanhã — disse o pai.

— Papai, o senhor está gastando muito comigo. Tem dinheiro para esses gastos?

— Não se preocupe com isso, filho, quando você se sentir bem, voltará a trabalhar e me pagará. O importante é você ficar bom.

No outro dia, foram ao dentista e, embora ele não escovasse os dentes no casebre do Zeca, tinha somente três cáries. Marcaram horários para o tratamento.

O jovem pediu à mãe, na segunda ida ao dentista, para ir sozinho e, depois da consulta, foi ao cemitério.

"Vovó deve estar enterrada junto a vovô", pensou ele.

De fato, o nome de sua avó estava no túmulo da família.

"Faz seis meses que ela faleceu. Descanse em paz, vovó."

Sentiu uma mão no seu ombro e escutou:

— *Não se revolte!*

Olhou e não viu ninguém. Assustou-se. Seu coração disparou. Respirou fundo, tentou se acalmar e voltou a atenção para o túmulo de sua avó.

"Desculpe-me, vovó, por não ter lhe trazido nem uma flor. Estou ainda tão impressionado com tudo o que me aconteceu que estou até tendo alucinações, pensei que havia escutado sua voz, mas não escutei nada nem senti mão nenhuma no meu ombro."

Andou pelo cemitério olhando os túmulos e vendo quem ali na cidade havia desencarnado na sua ausência. Não se interessou por nenhuma morte, apenas conhecia as pessoas. Voltou para casa.

À noite, bateram na porta de sua casa. O pai foi atender, e Ramon, que estava na sala, escutou:

— Boa noite!

— Boa noite! — respondeu o pai. — O que veio fazer aqui, senhor João?

— Vim saber de Ramon. Como está ele? Seu filho se recorda de tudo o que lhe aconteceu?

— Por que quer saber? — indagou o pai.

— Senhor Alfeu, Ramon trazia uma quantia em dinheiro que era do meu patrão. Agora sabemos que ele foi roubado, ferido e ficou desaparecido. Será que ele se lembra de Tonica?

— Tonica?! Que tem aquela louca com meu filho? Ela já até morreu. Ramon mal a conhecia. Ele nem perguntou dela.

— Ele não se lembra mesmo dela? — o senhor João quis saber.

— Claro que não! Que pergunta estranha.

— Eu quis somente saber se ele está melhor. Até logo!

O pai fechou a porta e comentou:

— Esse senhor João está louco.

Ramon lembrou-se de Tonica e perguntou:

— Tonica era aquela mulher que morava na casinha no sopé do morro? Ela morreu?

— Sim, ela morava lá e faleceu — respondeu o pai.

NO OUTRO DIA, pegou o ônibus para ir à cidade, ao dentista, e foi então que reparou na estrada.

— Poucas flores, nossos canteiros estão abandonados. O urze de que me recordei não existe mais. Vovó e Tonica morreram, eu desapareci e ninguém cuidou das flores que, delicadas, foram morrendo. Tomara que este caminho fique bem feio! Não me importo mais com ele.

Mesmo com o carinho da família, estava se sentindo muito infeliz. Havia indagado a todos querendo saber de Zenilda, mas as respostas eram evasivas, logo mudavam de assunto. Determinado a saber o que havia acontecido na sua ausência, depois que saiu do consultório dentário, resolveu ir à casa de sua tia Laura.

A tia o recebeu com carinho.

— Tia Laura, não vi Benelau. Como está ele?

— Benelau foi para uma cidade grande. Trabalha como empregado doméstico e gosta dos patrões. Dorme no emprego quatro noites na semana e, nas outras três, num apartamento com amigos. Continua infeliz. Mas lá pelo menos recebe críticas de pessoas desconhecidas, e ele já não se importa tanto com elas. Escrevi ao meu filho contando de sua volta.

— A senhora continua a ler a sorte nas cartas?

— Sim, é de onde tiro o meu sustento. Depois que mamãe morreu e não tenho mais a ajuda dela, minha situação financeira piorou.

— Titia, vim aqui para a senhora me contar tudo o que se passou na minha ausência. Talvez, querendo me poupar, eles não me contem. Preciso saber.

— De fato, Cida nos pediu para não falar. Se você não disser à sua mãe que fui eu quem lhe contou, explico-lhe o que aconteceu.

— Não falo a ninguém — prometeu Ramon — e fico grato. Por favor, titia, fale, preciso saber.

— Como não chegou no dia marcado, ficamos preocupados e, dois dias depois, seu pai foi atrás de você. Aí soube que você havia entregado os cavalos, recebido o dinheiro e que tinha sido visto na estrada. Alfeu foi à delegacia, e a polícia foi procurá-lo. Disseram que o fazendeiro que comprou os cavalos também o procurou com seus homens. E, como sabe, nada encontraram, não tiveram nenhuma pista. O senhor Legório disse que se sentia roubado, mas não fez nenhuma denúncia e não quis comentar o assunto. Os falatórios foram muitos, diziam que você havia fugido com o dinheiro.

— Eu?! Meu Deus! Que maldade! — exclamou o jovem indignado.

— Nós, da família, não acreditamos nisso e não perdemos a esperança de encontrá-lo. Pensávamos que daria notícias.

— E Zenilda? — perguntou Ramon.

— Não sei lhe dizer o que ela pensou sobre seu desaparecimento. Você ficou ausente por um ano, quatro meses e doze dias, e é natural que muitas coisas tenham mudado por aqui. O fato é que Adélia fofocou muito, tanto que eu ameacei lhe dar uma surra. Penso que esta mulher maldosa influenciou muito a filha, empurrou Zenilda para todos os moços que julgava serem bons partidos. Hércio caiu na armadilha: bem mais velho do que ela, começaram a namorar, logo noivaram e se casaram. O que comentam é que ele é muito ciumento, sistemático e não gosta de sair de casa.

— E agora, como são os comentários sobre mim?

— Você quer mesmo saber? — perguntou Laura.

— Por favor, titia, conte-me.

— Uns dizem que você gastou todo o dinheiro e, quando este acabou, voltou. Outros acreditam no que você contou porque o médico afirmou que seu ferimento foi grave, que não morreu porque Deus não quis, que está debilitado. Todos da família e amigos acreditam em você.

— Titia, a senhora acha que devo ressarcir o senhor Legório?

— De jeito nenhum! — respondeu Laura. — Se você fizer isso, eles pensarão que você roubou e se arrependeu.

Ramon agradeceu à tia, foi para o ponto de ônibus e voltou para casa.

"Minha cabeça quase não dói mais", pensou ele, "mas sinto dor na alma! Fui assaltado, ferido, e muitas pessoas pensaram que eu roubei e fugi! Zenilda também deve ter pensado. Que injustiça! Falo a todos o que sei? Se o fizer, comprometo tia Laura. Foi bom saber. Não gosto mais deste lugar de pessoas fofoqueiras. Como comentários maldosos fazem mal! Isto tudo é culpa do Zeca. Tudo não! Uma parte. Por que ele foi me esconder? Zenilda deveria ter acreditado em mim. Por que não o fez? Porque não me amava. Mil vezes maldita é dona Adélia e sua língua maldosa! Quantas decepções e como estão sendo amargas!".

Quando chegou em casa, encontrou duas tias: a irmã e a cunhada de sua mãe. Recebeu-as bem, contou como foi o assalto, como sofreu pelos ferimentos e como estes doeram. Respondeu a todas as perguntas.

"Devo esclarecer", pensou ele determinado, "assim ninguém pensará mais que fugi com o dinheiro".

Sua mãe se sentiu aliviada por ver o filho conversar e contar às pessoas o que havia lhe acontecido.

Recebeu bem todas as visitas e os amigos, conversou animado com os ex-colegas, mas recusou os convites para sair e não tocou mais no nome de Zenilda.

E, como previra, as pessoas, sabendo de tudo, logo não se interessaram mais pelo assunto. Seu tratamento dentário terminou. Com boas refeições e com as vitaminas que o médico havia lhe receitado, ele se sentiu restabelecido fisicamente, mas não interiormente. Continuava revoltado, magoado e sofria muito pelo que julgava que Zenilda lhe fizera.

capítulo 7

Mudanças

Dois meses se passaram desde que Ramon havia retornado ao sítio. Numa tarde de sábado, recebeu, surpreso, a visita de Benelau.

— Primo, assim que pude, vim vê-lo. Como está?
— Bem e mal — respondeu Ramon.
— Entendo e também não entendo.
— Como assim?
— Sempre admirei você — afirmou Benelau. — Nunca me criticou, defendeu-me muitas vezes e até tentei ser como você, dinâmico. Não entendo vê-lo inerte, sem objetivos, mas entendo que esteja decepcionado. O que está fazendo, além de sentir pena de si mesmo?

Ramon olhou para o primo: cabelos com corte bem moderno, roupas, que ficou sem saber se eram masculinas ou femininas, e continuava com modos efeminados, mas seu olhar era o mesmo: meigo e franco. Concordou com Benelau com um gesto de cabeça. O primo continuou a falar:

— Não quero de jeito nenhum ofendê-lo, mas, primo, reaja! Você deve ter trabalhado na montanha. E aqui, o que está fazendo?

— Somente pequenos serviços. Você tem razão, na montanha trabalhava bastante.

— É melhor você pensar sobre isso. Não tem mais idade para ser sustentado pelo seu pai. Ninguém da família tem dinheiro sobrando.

— É que não sei o que quero fazer — justificou Ramon.

— Procure e achará. Você quer ficar aqui? Tem trabalho para você neste sítio pequeno? Não era seu sonho estudar? Por que não trabalha e estuda? O que o prende aqui?

— São muitas perguntas...

— Para as quais somente você pode dar as respostas — falou Benelau. — A melhor coisa que fiz nesta minha vida foi ter ido embora deste lugar. Aqui ninguém me deu oportunidade de trabalho, lá estou trabalhando. Meu emprego pode não parecer bom para muitas pessoas, mas estou contente, sou bem tratado e me pagam direitinho. Não continuei a estudar por dois motivos: porque não gosto e porque desgostei de escola, onde sempre fui maltratado. Com você é diferente, sempre gostou de estudar. Por que não cursar uma faculdade? Mude para uma cidade maior, procure um emprego e pague pelos seus estudos. Refaça sua vida! Desculpe-me a pergunta, mas: por quanto tempo vai ficar assim, com pena de si mesmo e de braços cruzados? Reaja, homem!

— Você tem razão, Benelau. Obrigado! A autopiedade não me levará a lugar algum e está me fazendo muito mal. Vou pensar, planejar e pôr em prática meus planos. Vou ser alguém!

— "Alguém" — afirmou Benelau sorrindo — você já é. E alguém muito importante para mim e para muitas pessoas. Potencial você tem, deixe este potencial fluir.

O primo foi embora, e ele ficou pensativo: "Benelau tem razão, não tenho feito nada, nem para mim nem para ninguém. Todos me tratam bem, recebo muito carinho e mimos de meus pais, mas isto não deve continuar. Estou saudável e devo trabalhar. Se ficar me lamentando, magoado, com raiva e sem nada fazer, não acontece nada. Não é certo ser sustentando pelos meus pais."

Pensou bastante e decidiu voltar a estudar e trabalhar para pagar seus estudos. Escolheu para morar uma cidade maior, a capital do estado. Nessa cidade, residia um tio, irmão de sua mãe. Conversou com os pais. A mãe, apreensiva, não queria se separar dele novamente.

— Mamãe — Ramon tranquilizou-a —, agora é diferente, a senhora vai saber onde estou e o que estarei fazendo. Podem ir me ver, e eu, visitá-los. Também prometo escrever toda semana. Sempre gostei de estudar e quero cursar uma faculdade. Se puderem me emprestar dinheiro, vou o mais rápido possível. Não quero ficar na casa do titio. Assim que chegar, vou alugar um lugar para morar. Vou pedir a ele me ajudar a arrumar um emprego. Escreverei para meu tio hoje mesmo.

— Eu empresto o dinheiro — disse o pai. — Não tenho muito, mas empresto, vendi as sacas de café.

Também não queria que você se afastasse de nós, mas penso que será bom para você. Nosso sítio é pequeno, e Rivaldo trabalha aqui, logo a esposa dele terá o neném. Você, sendo solteiro, poderá estudar e melhorar de vida.

— Papai, irei pagá-lo assim que me for possível — prometeu Ramon.

— Não se preocupe, meu filho, com isso — respondeu o pai.

Ramon se entusiasmou pela primeira vez desde que regressara. O tio respondeu por carta afirmando que o sobrinho poderia ir, que o ajudaria. Ele organizou os documentos, e a mãe, suas roupas. Esperançoso, despediu-se dos familiares, agradecendo-lhes, e partiu, deixando a mãe chorando. A viagem não era longa, e seis horas depois chegou. Ramon já conhecia a capital do estado, havia ido para passear, mas agora era diferente, sentiu um frio na barriga. A cidade era muito grande. Pegou um táxi para ir à casa do tio e, no trajeto, foi vendo os prédios, as ruas movimentadas.

Os tios o receberam bem. O irmão de sua mãe arrumara um emprego e um local para o jovem morar.

— Fique aqui esta noite — pediu o tio —, amanhã o levo ao apartamento que aluguei e também onde irá trabalhar.

Ramon tentou ficar tranquilo, mas estava ansioso com a mudança. Jantou, e a tia arrumou tudo para que dormisse na sala. No outro dia, foi com o tio ao local que ele havia alugado para que morasse. Era um prédio velho, sem elevador e no terceiro andar. O jovem abriu a porta, o apartamento era de dois cômodos: um era sala, quarto e cozinha, e o outro, um pequeno banheiro.

— Vamos comprar uma cama e um fogão na loja de um conhecido meu que vende móveis usados. Você pagará em prestações. Sua tia, ontem, limpou o quarto para você.

Foram à loja e compraram um pequeno fogão, um miniarmário, alguns pratos, duas panelas, copos, uma cama, colchão e duas cadeiras. Levaram para o apartamento. O tio e ele arrumaram tudo.

— Está ótimo, titio, obrigado!

— Você poderá lavar suas roupas nesta pia e também os utensílios da cozinha. Agora vamos ao emprego.

Era um armazém, seu serviço seria carregar e descarregar caixas. Acertou o horário e o ordenado. O tio voltou aos afazeres. Ele comprou alguns alimentos e organizou seu pequeno apartamento. No outro dia cedo, foi trabalhar.

O serviço era pesado. Trabalhavam com ele seis homens, e Ramon gostou dos colegas, eram alegres. Um deles cantava muito e tinha uma voz bonita, o outro falava bastante da namorada, enquanto Manoelito falava dos dois netos. Gozavam uns dos outros, e o dia passava rápido. Eles levavam marmita, menos José, que ia almoçar na casa de uma senhora. Ela servia almoço, e Ramon ia junto. Assim, almoçava todos os dias nessa pensão, pagando por mês. O lanche da tarde era, para eles, uma distração, iam a um bar ou à padaria. Ramon falava pouco de si, disse somente:

— Sou do interior do estado, trabalhava num sítio, quis vir para a capital para estudar e para me sustentar, tenho de trabalhar. Não tenho namorada, terminamos e, por uns tempos, quero ficar bem solto, solteiro.

Dois meses se passaram, ele escrevia duas vezes por semana aos pais e, com seu ordenado, comprou mais coisas para a sua pequena moradia. Seu horário era puxado, das sete às vinte horas, com uma hora de almoço e outra para o lanche. No sábado, o expediente era até as doze horas. Resolveu que tinha de estudar. Uma senhora que morava ali perto dava aulas particulares de inglês e um professor, que residia também pertinho, de espanhol. Matriculou-se: sábado à tarde tinha aulas de espanhol e, no domingo à tarde, de inglês.

Numa noite, ao chegar ao prédio, subindo as escadas, escutou:

— *Ramon! Não me enforquei! Não me matei!*

A voz parecia ter vindo de um canto. O moço parou, olhou e não viu ninguém, arrepiou-se, seu coração disparou, e ele subiu o restante da escada correndo. Perto da porta do seu minúsculo apartamento, esbarrou no senhor Bentinho que indagou:

— Por que tanta afobação? Um jovem bonito como você, tão apressado... O que foi? Viu assombração?

Ramon teve vontade de dizer "não vi, mas ouvi". Porém respondeu somente:

— Estou atrasado, necessito estudar. Por que o senhor perguntou se vi assombração? Este prédio é assombrado?

— Nunca vi ou ouvi nada — respondeu o senhor Bentinho. — Prédios velhos têm sons próprios: é a madeira que estala, as goteiras no telhado, a corrente de ar nas frestas das janelas velhas... Mas dona Violeta, aquela senhora do primeiro andar, afirma que muitos fantasmas moram por aqui. Se você tiver medo, pode me chamar, lhe farei companhia — riu de modo estranho e perguntou: — Não vejo você com ninguém. Não tem namorada?

— Tenho sim — mentiu Ramon —, é que os pais dela não a deixam vir aqui. Encontramo-nos na casa dela. Vamos nos casar logo. Desculpe-me, mas preciso estudar. Boa noite!

Abriu a porta, e o senhor Bentinho o ficou observando. Ramon não gostava dele e tinha receio por causa de seu modo estranho. Ele estava sempre sujo e não cheirava bem.

Ramon, por falta de tempo, quase não via os vizinhos, somente cumprimentava alguns, mas essa dona Violeta conhecia bem. Ela ficava muito em frente à porta do seu apartamento, que era perto da escada, ou em frente ao prédio. Conversava com todos os moradores. Era uma senhora idosa, pintava os cabelos com um tom avermelhado, maquiava-se bastante e era simpática.

Minutos depois de ter fechado a porta, bateram nela. Ramon ficou sem saber se atendia ou não, ele estava preparando seu jantar. Estava indeciso quando uma voz feminina chamou:

— Moço! Pode abrir?

Ele reconheceu a voz da vizinha do lado. Ramon não conseguia entender como, num apartamento como aquele, moravam ela, o marido e três filhos. Às vezes escutava as crianças brincarem no corredor.

Abriu a porta. A mulher, que era jovem e tinha o filho pequeno no colo, sorriu-lhe tristemente e pediu:

— Será que você tem algo de comer para me emprestar? Meus filhos estão com fome.

Ramon pensou no que tinha: um pão e uma sopa que começara a fazer.

— Estou fazendo uma sopa. Se quiser, você leva e faz no seu apartamento — respondeu ele.

— Não tenho gás...

— Está bem, acabo de fazer e levo lá.

E foi isso o que ele fez: pôs na sopa tudo o que tinha e a fez na sua panela maior. Tirou somente um pouquinho para si, porque também estava com fome. O pão que seria para o outro dia cedo, picou, colocou na sopa e levou para a vizinha.

— Devolvo assim que me for possível — disse a jovem mãe.

— Não precisa, devolva somente a panela, tenho só duas.

Foi depois de jantar que pensou no que ouvira na escada. Tinha quase certeza de que conhecia aquela voz, mas não conseguia lembrar de quem era. Sentiu medo e, naquela noite, adormeceu com a luz acesa. Somente conseguiu dormir porque estava muito cansado. Mas não comentou com ninguém, temendo que gozassem dele.

E, desde essa noite, ele comprava doces ou pães e os levava para a vizinha.

Mas temia o senhor Bentinho. Comentou com um colega de trabalho.

— A porta do meu apartamento é frágil, penso que a chave de um abre todos.

— Coloque um trinco com cadeado.

— Não tenho dinheiro para comprar. Você me empresta? Quando receber, eu lhe pago. No prédio há moradores que penso serem boas pessoas, mas outros me dão medo.

— Vou com você ali — mostrou o colega —, numa casa de ferragem, conheço o dono, e ele lhe venderá fiado.

Ramon comprou dois trincos: um para ficar do lado de fora, com cadeado, e outro, do lado de dentro do apartamento. O proprietário da casa de ferragem lhe emprestou as ferramentas para colocá-los. No outro dia, no seu horário de almoço, foi lá e as instalou. À noite encontrou com o senhor Bentinho. Ramon teve a impressão de que ele o esperava.

— Vi que colocou cadeado em sua porta, como se ela fosse forte e não abrisse com um pontapé. Aqui, no prédio, ninguém é ladrão, pelo menos não se rouba de vizinhos.

Ele riu, Ramon somente cumprimentou-o e entrou, fechando a porta.

— Meu Deus! Assombrações vivas e mortas! — exclamou.

E, a partir daquela noite, colocava encostadas na porta as duas panelas, pensando: "Se alguém tentar abri-la, as panelas farão barulho e acordarei".

Uma noite, escutou alguém do lado de fora mexer na maçaneta, ficou atento, mas depois não escutou mais nada.

O casal com filhos voltou para a cidade deles, os moradores os ajudaram com dinheiro para que conseguissem comprar as passagens de ônibus. Meses depois, o senhor Bentinho foi atropelado e desencarnou. Os apartamentos foram ocupados por outros jovens que trabalhavam e estudavam, e ele não teve mais problemas com vizinhos.

Seus pais foram visitá-lo e ficaram três dias na casa de seu tio.

— Volte conosco, meu filho — pediu a mãe. — Aqui você trabalha muito, ganha pouco e mora neste quarto horrível.

— Vou melhorar de vida, mamãe. Valerá o sacrifício — afirmou Ramon.

Foi uma visita agradável, estavam os três saudosos. Seus pais voltaram para casa apreensivos, pensando que o filho estava muito mal acomodado.

Depois de quatro meses que estava no emprego, faltou um supervisor, que contava as caixas e organizava o trabalho. Ramon o substituiu e fez tão bem o trabalho que foi promovido, ganhando um ordenado bem melhor. Procurou um cursinho pré-vestibular para frequentar. Como ia estudar à noite, pediu para sair mais cedo, mas era difícil, e ele chegava sempre atrasado. Apesar disso, estudava muito. Sua vida tinha uma rotina bem definida de trabalho e estudo. Mas, com isso, não tinha tempo para pensar muito. Ainda se sentia magoado com o que tinha lhe acontecido, sentia ódio de Zenilda e raiva de Zeca. Não contava nada a ninguém: que sofrera com o assalto, que estivera sem memória e pedira aos tios para não fazê-lo.

Fazia a barba todos os dias, mas deixou o bigode, cortou o cabelo com um corte moderno e engordou, mas continuou esbelto.

Por meses, Ramon lavava suas roupas na pia e as estendia num varal que colocou no centro do quarto, mas elas demoravam para secar. No domingo, limpava o apartamento e lavava mais roupas. Assim que seu ordenado melhorou, passou a levar as roupas a uma lavanderia que havia ali por perto. Era também no sábado à noite e em parte do domingo que lia os livros recomendados no cursinho. Sua professora de inglês que os emprestava. E foi esta senhora que lhe falou de uma indústria ali perto que estava contratando empregados.

— Tente, Ramon — aconselhou sua professora. — Lá eles pagam melhor e são quarenta e quatro horas semanais. Sairá bem mais cedo e dará tempo de ir ao cursinho. Com certeza você passará e, na faculdade, não dá para chegar atrasado.

No outro dia, Ramon pediu para se ausentar à tarde do trabalho e foi à indústria: respondeu um questionário, foi entrevistado e contratado. Teria de começar na semana seguinte. Voltou ao trabalho, falou com o patrão e treinou outro para ficar em seu lugar. Para isso, teve somente quinze minutos de almoço e trabalhou no sábado o dia todo.

Foi contente para seu novo emprego, seu trabalho era com uma máquina, repetitivo e não podia conversar.

Sentiu falta de seus antigos colegas, mas logo se enturmou. O bom era que saía às dezessete horas, dava tempo de tomar banho e até de estudar um pouquinho antes de ir para o cursinho.

Foi visitar seus pais num feriado que caiu na sexta-feira e com o qual a indústria emendou com o sábado. Os familiares receberam-no com alegria e gostaram de vê-lo bem.

— Papai — disse Ramon —, pagando os cursos, as prestações dos objetos de casa que comprei e de algumas roupas, não tem me sobrado quase nada do meu ordenado. Depois, terei de pagar a faculdade, mas não esqueci minha dívida. Assim que puder, pago o senhor.

Foram três dias agradáveis em sua cidade. Depois, voltou e continuou sua rotina. Prestou o vestibular e passou. Ficou muito contente, iria fazer um curso administrativo numa boa faculdade.

Estava dando tudo certo no trabalho, no estudo, e continuou com as aulas particulares de espanhol e inglês.

Foi aprovado no primeiro ano com boas notas. Depois de um ano e sete meses que estava na capital do estado, havia se acostumado e fora somente três vezes visitar os pais, mas continuava escrevendo a eles e assim sabia de todos.

Na indústria onde estava empregado, houve vagas para trabalhar no escritório e Ramon se inscreveu. Como estudava, respondeu muito bem ao questionário. Foi aprovado e mudou de cargo, ganhando um salário bem melhor e já não trabalhava aos sábados. Já tinha pagado tudo do que necessitava no apartamento, assim como as roupas, e começou a pagar seu pai.

— Por que não arruma um lugar melhor para morar agora que está ganhando bem? — perguntou o tio.

— Quero pagar meu pai primeiro — respondeu Ramon. — Não me importo em morar lá.

Ramon via os tios raramente, por falta de tempo e também por não ter afinidades. Seus encontros com o irmão de sua mãe eram na padaria do bairro.

Tinha se enturmado com os colegas do escritório, ali trabalhavam muitas pessoas. A indústria era grande e estava em plena expansão. Às vezes, saía com eles no sábado à noite, iam a bares e conversavam, mas ele não aceitava todos os convites, alegava ter de estudar e, de fato, estudava muito, suas notas eram muito boas, tanto que obteve desconto nas mensalidades.

Ainda pensava muito na antiga namorada e sentia mágoa dela e do Zeca.

Numa visita aos pais, ao ficar sozinho com sua tia Laura, perguntou a ela de Zenilda.

— Ela vem pouco à cidade — contou Laura —, teve uma filha, e ouvi dizer que está grávida novamente. Vi Zenilda no mês passado na missa, estava bem-vestida. A mãe dela conta muitas vantagens do casal.

— Onde ela mora, titia? — quis Ramon saber.

— Continua morando na outra cidade, perto do cinema. Adélia diz que é numa casa revestida de tijolinhos. Esqueça essa moça, meu sobrinho. Arrume uma namorada.

Ramon concordou com a cabeça, agradeceu à tia, reuniu-se aos outros, e o pai lhe deu uma boa notícia:

— Você já me pagou tudo, filho. Não me deve mais nada.

Gostava de ver os pais, e estas visitas os alegravam. Na volta, planejou mudar. No outro dia, procurou um apartamento, logo encontrou um de seu gosto e o alugou. Era no mesmo bairro, gostava dali: era perto de onde trabalhava, de suas aulas particulares e não ficava longe da faculdade. E no bairro tinha muitos amigos e bastante conhecidos. O apartamento era bem mais confortável, tinha dois quartos, sala, cozinha e um bom banheiro. Não levou nada do que tinha, doou aos moradores do prédio e comprou tudo novo. Pagaria em prestações, mas nada que o apertasse. Gostou do resultado, ficou bonito. Na terceira noite que estava em seu novo apartamento, ao se deitar, sentiu puxarem o lençol e escutou:

— *Ramon! Reze!*

Ele acendeu a luz, olhou para todos os cantos e nada viu. Sentiu muito medo.

"É melhor rezar!", pensou. E orou. Ficou minutos orando e se sentiu bem. Ramon não tinha mais rezado desde que havia recuperado a sua memória e voltara ao sítio com seus pais. Revoltado, não quis mais rezar. E, depois daquela noite, voltou a fazer preces antes de dormir. Ao acordar, recitava as orações que havia decorado quando menino e outras espontâneas. Nas primeiras vezes que orou, sentiu-se envergonhado por ter se afastado de Deus, sentia que o Criador tinha continuado com ele. Orava agradecido.

Seus pais foram visitá-lo e ficaram com ele por quatro dias. Alegraram-se em vê-lo bem instalado.

— Agora sim, você mora onde merece! — exclamou a mãe muito contente.

Na semana seguinte em que seus pais o visitaram, teria um feriado da cidade no meio da semana. Ramon planejou ir de ônibus à cidade onde Zenilda morava. Foi no dia anterior à noite, chegou ao hotel já reservado às duas horas da manhã. O hotel era perto do cinema e pedira para ficar num apartamento de frente para a rua, no segundo andar. Assim que chegou ao hotel, foi acomodado no quarto e, pela janela, olhou a rua e localizou, logo em frente, a casa revestida de tijolinhos. Não conseguiu dormir, tirou somente alguns cochilos. Pela manhã, observou direito a rua, as casas, e ficou olhando pela janela. Ficou atento à casa de tijolinhos.

Viu Zenilda sair da casa empurrando um carrinho, uma garotinha estava nele. Seu coração disparou, e ele tremia, porém continuou olhando atento. Ela estava grávida, seus cabelos estavam cortados à altura dos ombros.

"Não está mais tão bonita", pensou ele. "Será que é feliz? Desço e converso com ela? Falo o quê?"

Ela atravessou a rua, e ele não a viu mais. Ramon permaneceu parado, olhando a rua, a calçada, e seu coração continuou disparado. Dez minutos depois, ela voltou com uma sacola de compras e entrou na casa.

"Zenilda parece bem. Não tenho direito de incomodá-la. Não se escolhe quem ama. Ela deve estar bem e feliz. Preciso esquecê-la!"

— Desculpe-me, pensei que não havia ninguém no quarto.

Era uma senhora que viera arrumar o aposento.

— Não precisa se desculpar. Pode entrar, já vou sair.

A mulher entrou, Ramon pegou o casaco, mas, antes de sair, perguntou à arrumadeira.

— Ontem à noite escutei um casal discutindo, as vozes pareciam ter vindo do outro lado da rua. Estava aqui na janela tentando descobrir qual é a casa. Penso que era aquela de tijolinhos.

A mulher foi até a janela, olhou para a rua e falou:

— Naquela casa branca, ao lado da que o senhor citou, mora um casal de idosos que costuma brigar. O senhor deve ter escutado a discussão de lá. Nessa revestida de tijolinhos reside um casal com uma filhinha que parece viver bem, são discretos e quase não saem de casa. Dizem por aí que ele, muito mais velho do que ela, é ciumento. Nunca ouvi falar que eles briguem. A impressão que temos deles é de que são felizes.

Ramon agradeceu à arrumadeira, saiu do quarto e foi tomar o desjejum; escolheu uma mesa de frente para a rua e de onde via bem a casa de Zenilda. Viu um entregador de gás tocar a campainha, mas quem recebeu e pagou pelo botijão foi uma moça. Ele calculou que deveria ser uma empregada doméstica.

"Zenilda está bem, espera o segundo filho e tudo leva a crer que é feliz. O que de fato quero? A Zenilda de antigamente, a namorada alegre que julguei que me amava? Não quero a Zenilda de agora, com uma filha e grávida. Então, devo esquecê-la. Não existe mais quem amei."

Verificou os horários de ônibus e voltou logo para a capital. Estava muito desiludido e triste.

"Minha vida", pensou ele, "mudou demais. Que mudança!".

Agora estava disposto a esquecê-la e se esforçou. Além de estudar muito e trabalhar, passou a sair, ir ao cinema, a bares e ao teatro. Muitas moças tentavam namorá-lo, mas ele não simpatizou com nenhuma. Ficava com elas, mas não as namorava.

O escritório da indústria era enorme, com várias salas, e, um dia, veio para eles um contrato com uma página escrita em inglês.

— Vamos prestar atenção — alertou Ramon —, esta página está em inglês e aqui está escrito que eles não se responsabilizam pelo material enviado.

— Você sabe falar inglês?

Todos do escritório se assustaram, um dos gerentes entrou na sala sem ninguém perceber.

— Sei sim, senhor — respondeu Ramon.

— Deixem-me ver este contrato.

O gerente pegou-o e saiu da sala. Duas horas depois, mandou chamar Ramon à sua sala. Foi convidado a se sentar, e o gerente lhe disse:

— Tenho sua ficha aqui comigo. Você está concluindo o segundo ano na faculdade e ganhou desconto na mensalidade pelas suas boas notas. Você leu corretamente o que estava escrito em inglês naquele contrato. De fato, iríamos tomar prejuízo se o assinássemos com aquela cláusula. Você fala bem inglês?

— Penso que sim e o espanhol também — respondeu o jovem.

— Vou transferi-lo para que trabalhe com minha equipe direta. A firma também irá lhe pagar um curso intensivo de inglês. Como você estuda à noite, o curso será no horário de trabalho. Aceita?

— Sim, senhor, agradeço e tentarei fazer meu trabalho da melhor maneira possível.

Foi promovido e, quando ficou sabendo quanto ia ganhar, ficou tão surpreso que por segundos ficou pasmo.

Duas semanas depois, ao visitar a família, levou aos pais, irmãos, sobrinhos e sua tia Laura muitos presentes e fez questão de comprar objetos caros. Foi uma festa, uma visita realmente muito alegre.

Pensou em comprar um carro e, para isto, matriculou-se numa autoescola. Depois de aprender muito bem a dirigir e ter sua habilitação, comprou um carro; era usado, mas estava em bom estado.

No trabalho, tudo estava dando certo: esforçado, dedicado, competente, fazia jus ao cargo e ao ordenado. Nos estudos, continuava com boas notas, terminou com grande proveito seu curso intensivo de inglês e continuou a estudar espanhol. Não tinha mais o que aprender com sua professora de inglês, dona Margarida, então pediu a ela para lhe dar aulas de etiqueta, de como se comportar na sociedade, como conversar sobre diversos assuntos e falar em público. Esta senhora havia sido muito rica, tinha muitos conhecimentos e viajara bastante. Não teve filhos e quando o marido faleceu foi que percebeu que eles não eram mais ricos. Por isso se sustentava com as aulas particulares. Ramon passou a lhe pagar mais. Gostava destas aulas e, com elas, adquiriu boas maneiras.

"Que mudança! Mas mudei para melhor!", concluiu ele.

Trabalhava na sua sessão um homem, Pedro. Embora ele fosse bem mais velho que Ramon, logo os dois se tornaram amigos. Ele era casado e tinha três filhos já moços.

— Ramon — convidou Pedro —, faço aniversário no domingo. Minha esposa fará para mim um almoço especial, queria muito que você almoçasse conosco e conhecesse minha família.

Ramon foi. O almoço foi muito agradável, a família de Pedro era simples, alegre, e os filhos, muito simpáticos. A filha mais velha, Suzeane, ou Suze, como todos a chamavam, era muito bonita e inteligente. Os dois conversaram bastante e combinaram de sair no sábado para irem ao cinema.

Pela primeira vez desde sua desilusão amorosa, Ramon se interessou por uma moça. E novos encontros aconteceram.

capítulo 8

Conhecendo o Espiritismo

Uma tarde, Ramon ficou uns minutos a mais no escritório terminando um trabalho, todos seus colegas já haviam saído. Levantou-se para ir embora, quando, ao passar por uma escrivaninha, a de Norma, uma colega com quem trabalhava, viu uma revista. Chamou sua atenção o título: *Revista Espírita: Allan Kardec, dezembro de 1868.*

O nome de Allan Kardec despertou-lhe algumas lembranças: sua avó Cidália, sua tia Laura, as conversas das duas sobre reencarnações. "Naquela época admirava vovó saber tanto de botânica. Depois, já tive muitos lances inexplicáveis, ouvi vozes de alguém invisível, ou do Além."

Pegou a revista, abriu onde estava um marcador, olhou a página 97 e leu onde estava grifado: "Com a fraternidade, filha da caridade, os homens viverão em paz e se pouparão de males inumeráveis que nascem da discórdia, por sua vez, filha do orgulho, do egoísmo, da ambição, da inveja e de todas as imperfeições da humanidade".

Leu também uma anotação a lápis: "Sustentamos nossos ressentimentos pela vontade. Penso que de certa forma meu rancor me dá prazer. O prazer de ser vítima". "Meu Deus!", pensou ele. "Isso deve acontecer comigo. Tenho gostado de ser a vítima. Sinto prazer em ser o coitadinho, o que foi ofendido. Devo me esforçar para reprimir este estranho sentimento. Talvez seja nos ensinamentos desse senhor Allan Kardec que entenderei, e é na sua doutrina que receberei a ajuda de que necessito. Devo conhecer o Espiritismo! Vou levar esta revista para casa e lê-la, amanhã a trarei de volta. Também vou desmarcar meu encontro com Suze. Quero ler esta revista!"

— *Faça isso, moço bonzinho!*

Escutou. Ele sabia que não adiantava procurar por alguém e, novamente, teve a sensação de que conhecia aquela voz, mas não conseguiu lembrar-se de quem era. Pegou a revista, apagou a luz e rapidamente saiu da sala. Pedro ainda estava na portaria, conversava com amigos. Era costume, ao sair, alguns funcionários ficarem conversando por alguns minutos dentro do prédio em frente à portaria.

— Pedro — pediu Ramon —, por favor, diga a Suze que me surgiu um problema e não poderei vê-la. Amanhã nos encontraremos no mesmo horário.

Agradeceu, despediu-se de todos, foi para o seu apartamento e leu a revista. Achou-a muito interessante. Releu umas três vezes o pedaço que lhe chamou atenção e meditou sobre ele.

"Quando queremos que alguém nos peça perdão é porque julgamos ter sido ofendidos. Como desejei que

Zenilda me implorasse perdão para dizer a ela que não a perdoaria. Orgulhoso e egoísta, somente vi minha parte na história. Nunca se sabe sobre um assunto ouvindo somente uma parte ou um dos envolvidos. Penso que não saberemos de tudo nem se ouvirmos todos. Porque tem a parte invisível: a espiritual. Odiei Zenilda ou foi uma paixão mal resolvida? Paixão, não! Amei-a! Então foi amor mal resolvido. Um amor egoísta, queria-a para mim. Preciso repensar sobre isto. Tenho de perdoar. E Zeca? É justo sentir mágoa dele?"

Naquela noite rezou muito pelos dois. No outro dia levou a revista e entregou-a para Norma.

— Ontem — explicou ele — fiquei um pouco mais no escritório e vi esta revista na sua escrivaninha. Não resisti, peguei-a emprestado e a levei para ler. Você é espírita?

— Estou tentando ser — respondeu Norma. — Meu marido que é. Esta revista não é minha, peguei-a na biblioteca do centro espírita. Você gostou da revista?

— Sim — respondeu Ramon. — Minha avó, já falecida, tinha alguns conhecimentos espíritas e uma tia tem mediunidade. Quando menino e jovem, escutava as duas falarem sobre o Espiritismo e não me interessei, agora estou interessado. O Espiritismo parece ser fascinante. Você frequenta algum centro espírita? Existe algum aqui perto?

— Tem um perto de onde você mora. Os espíritas que frequentam esta casa são muito estudiosos. Há palestras todos os sábados às dezoito horas. Se quiser, dou-lhe o endereço.

— Sim, quero e agradeço — falou Ramon.

Norma lhe deu o endereço, ele decidiu ir e realmente foi. Gostou do lugar, tudo simples e muito limpo. Sentou-se numa cadeira e ouviu atento à palestra da noite feita por um senhor.

"Nada parece ser por acaso. A palestra é sobre o perdão" — pensou ele emocionado.

Ficaram em sua mente algumas frases:

— Devemos perdoar e lançar um véu sobre o ato que nos magoou, esquecer, mas este esquecimento não implica aniquilar a memória. O esquecer que recomendo é não ficar pensando, falando sobre o assunto que o magoou, mas ver esses fatos como insignificantes, dar ênfase a assuntos mais agradáveis, como as coisas boas que nos aconteceram ou acontecem. Ser grato àqueles que nos fizeram ou fazem bem.

O orador citou texto do Evangelho e também de *O Evangelho Segundo o Espiritismo* e finalizou com uma trova. Como o jovem tinha facilidade para guardar trovas e poesias, aprendeu:

— No livro — disse o palestrante — psicografado por Francisco Cândido Xavier *Trovas do outro mundo*, de espíritos diversos, tem uma que elucida bem o assunto desta tarde: "Ante o mal, eis a doutrina/ Que serve a crentes e ateus:/ Perdão é a melhor vingança/ Nos estatutos de Deus".

Ao terminar a palestra, todos foram saindo, e Ramon se dirigiu à biblioteca.

— Como faço para pegar alguns livros? — ele perguntou a uma moça.

A atendente explicou, e ele pegou para ler *O Evangelho Segundo o Espiritismo*, de Allan Kardec. Saiu à noite com Suze, como já tinha combinado, mas, ao chegar ao seu apartamento, começou a ler e se encantou com a introdução, com as explicações. No domingo, em todos os seus momentos livres, leu o livro com atenção, parando algumas vezes para pensar e reler diversos textos. Leu o livro também durante a semana.

Passou a frequentar as reuniões aos sábados, a assistir às palestras, a receber o passe e foi pegando livros emprestados. Também foi comprando alguns livros e iniciou sua própria biblioteca.

Suze e ele assumiram o namoro. Combinavam muito, tinham gostos parecidos. Ela era realmente muito bonita, era notada em todos os lugares aonde ia. A moça também fazia faculdade, estudava pedagogia e lecionava. Gostava do que fazia.

— Sabe, Ramon, do que mais gosto em você? — perguntou Suze.

— Não sei! Bem... do meu bigode?

— Conheci-o de bigode — respondeu Suze sorrindo.

— Não sei como fica sem ele. Mas errou. Gosto de você porque não é ciumento. Confia em mim. Não me perturba quando os homens me olham.

Ele riu. Mas depois pensou: "Suze é realmente muito bonita, mas o que me atrai nela é a bondade, a sinceridade. Não sinto ciúmes dela. E não gosto de discussões. Se Suze me disser que não quer mais me namorar, não me importarei em terminar o namoro. Com toda certeza, não ligarei. Será que não gosto nem um pouquinho dela? Quero-a bem, quero que seja feliz ou quero fazê-la feliz. Isto não é amor?".

Não chegou à nenhuma conclusão e continuaram namorando. O relacionamento era tranquilo e sincero. Ele sentia que Suze o amava. Seus pais foram visitá-lo, conheceram sua namorada, gostaram muito dela e de sua família.

Ramon chegou à conclusão, depois de seis meses indo todos os sábados assistir às palestras e lendo livros espíritas, de que queria ser adepto da Doutrina de Allan Kardec. Porque tudo o que aprendia lendo e nas palestras ia ao encontro de seu raciocínio, acreditava que aquilo era verdadeiro. E, para ele, a frase destacada no início de *O Evangelho Segundo o Espiritismo* traduzia bem o que ele sentia: "Fé inabalável é somente aquela que pode encarar a razão face a face, em todas as épocas da Humanidade".

Contou a todos, colegas, família e Suze, que era espírita. A namorada e a família seguiam outra religião, mas não comentaram nada. Suze indagava-o sobre o Espiritismo e se admirava com as respostas.

Os pais de Ramon convidaram Suze para visitá-los, mas o moço preferiu esperar mais um pouco para levá-la, queria ter certeza de que o namoro daria certo para depois apresentá-la ao restante da família.

Nas férias escolares, Suze viajou com seus pais para a praia e, neste período, o centro espírita que frequentava tinha cursos de férias noturnos sobre a doutrina. Ramon decidiu ir a todos. Gostou muito. Quanto mais aprendia, mais gostava da Doutrina Espírita, porque estava de acordo com o que sentia; o que aprendia, tinha a certeza, eram conhecimentos adormecidos em seu íntimo. Nessas aulas, era possível fazer perguntas. O grupo comentava as respostas e dava depoimentos. Ele entendeu que os fenômenos ocorridos com ele eram explicáveis e não eram raros.

Comentou com sua professora, agora de etiqueta, dona Margarida, sobre o Espiritismo e a convidou para assistir a uma palestra. Ela gostou e, assim, todos os sábados ele passava na casa dela e iam juntos ao centro espírita. Culta, instruída, dona Margarida logo se encontrou, como ela dizia, no Espiritismo.

Morava num apartamento, ao lado do dele, um senhor que era viúvo e tinha um filho adolescente. Ficaram amigos e o jovem Ricardo gostava de Ramon.

— Tenho — disse o vizinho a ele — de ir a uma reunião da firma onde trabalho, terei de me ausentar por cinco dias. Não posso levar Ricardo. Meu filho terá de ficar sozinho, já que minha mãe está também viajando. Ele afirma que ficará bem e para eu não preocupar. Será que você não me faria um grande favor de vez em quando ver como ele está?

— Faço isso, sim, pode ir sossegado. Amanhã mesmo vou convidá-lo para irmos ao cinema. Suze está viajando, e eu não gosto de ir sozinho.

Aquela noite Ramon ficou pensativo.

"Necessitamos sempre um do outro", concluiu. "Ora podemos ajudar, ora somos nós que necessitamos de ajuda. Senti ódio por muito tempo de Zenilda e raiva do Zeca. O Espiritismo me fez raciocinar e compreendi que estes sentimentos me faziam mal e não tinham razão de ser. Devo me desculpar com o Zeca. Ele fez o que julgou ser certo quando me socorreu. Julgou-me por ele. Costumamos fazer isso, julgar os outros pelo que somos ou pelo que somos capazes de fazer. Zeca, pelo que me contou de sua vida, não agiu corretamente quando jovem, pensava que enganar os outros era se dar bem e depois estuprou a moça que brincou com seus sentimentos. Foi muito humilhado na prisão, sofreu, ficou traumatizado e pensou que eu era como ele. Pensou estar me fazendo um bem, um favor, e me escondeu. Por isso que o Espiritismo pede, até insiste, para os espíritas estudarem a fim de aprenderem como agir. Fazer o bem, com conhecimento, amplia a margem de acertos. Agi errado em relação a Zeca. Não entendi e fiquei com raiva por ele ter me escondido. Fui ingrato! Tenho como remediar e vou fazê-lo."

Contente com a decisão tomada, foi ao supermercado e fez uma grande compra pensando em tudo o que o amigo necessitava.

"Zeca com certeza irá gostar disso!" Quanto mais coisas comprava, mais se sentia animado.

O vizinho, César, ia viajar na sexta-feira pela manhã, e Ramon pediu a ele:

— Estou planejando ir a um sítio neste fim de semana. Posso levar Ricardo?

— Mas claro — autorizou César —, ele irá gostar. Meu filho nunca foi à zona rural.

À noite, Ramon foi a uma loja masculina, dessas mais populares, e comprou muitas roupas, assim como também lençóis e cobertores.

"Meu amigo terá desta vez roupas novas. Vou convidá-lo a vir comigo. Se ele aceitar, alugo um pequeno apartamento para ele e o acomodarei da melhor maneira possível. Mas penso que Zeca não iria querer sair do seu casebre. Vou perguntar o que ele quer, farei o que meu amigo decidir. Se ele não quiser vir comigo, vou pensar numa maneira de lhe mandar dinheiro. Não vou permitir que ele peça mais esmolas."

Até chegar sexta-feira, Ramon foi comprando coisas que pensava que o amigo iria gostar. No dia marcado, saiu do trabalho mais cedo, pegou Ricardo e as compras, que encheram o carro, e partiram para o interior. Ele programou tudo: pernoitariam numa cidade, onde reservou hotel e, no sábado cedinho, rumariam para a estrada onde anos antes havia passado a cavalo.

Estava eufórico, como sempre ficamos quando sentimos que reparamos nossos erros e equívocos. Os dois foram conversando.

— Com certeza — falou Ricardo — não pensava que o café surgia de um pacote, mas ver um cafezal é outra coisa! Como é lindo um pé de café! Quanto trabalho dá, pelo que você me contou, para termos um cafezinho na xícara.

— É isso aí — Ramon concordou —, precisamos sempre do trabalho de outras pessoas. Isso é viver em sociedade.

Chegaram à noite numa cidade pitoresca, saíram para jantar e depois foram dormir. Levantaram-se cedo e seguiram viagem.

Consultando um mapa, logo Ramon encontrou a estrada que naquela época, percorrera a cavalo com tantos sonhos. Nada ali parecia ter mudado, recordava-se dela com todos detalhes.

— Você está calado. Por quê? — perguntou o garoto.

— Estou atento ao caminho — respondeu ele. — Quero parar no lugar certo.

Logo encontrou o trecho da estrada com muitas árvores. Dirigindo devagar, localizou onde foi atacado e o local onde ficou ferido. Parou o carro, desceram. Ricardo comentava sem parar.

— Olhe um formigueiro! Tantas árvores juntas! Veja, aqui tem um atalho! Um caminhozinho!

— É por aqui! — exclamou Ramon. — É este o caminho que procuro. Parece que há tempos ninguém passa por aqui. Lembro-me bem, é por aqui que devemos ir.

"Como me lembro se estava desmaiado?", pensou Ramon. "Talvez tenha visto porque naquele dia meu espírito estava se afastando do meu corpo físico. Recordo-me de que Zeca passou por aqui me carregando no seu Chevete."

— Ricardo, agora vamos caminhando. Vou estacionar o carro aqui, embaixo desta árvore.

— Iremos demorar? — quis o garoto saber.

— Algumas horas. Vamos à casa desse meu amigo, depois voltaremos com a carriola e levaremos o que comprei.

— Que lugar isolado para residir. Como conheceu esse Zeca? — perguntou Ricardo.

— É uma longa história. Zeca gosta de morar neste lugar, seu lar é uma casinha bem simples.

— Vou escrever um bilhete e deixar no para-brisa dizendo que voltaremos logo. — Como Ramon riu, o jovem explicou: — Se alguém passar por aqui não pensará que o carro foi abandonado. Vou escrever: fomos pescar e voltaremos logo.

— Aqui não existe local para pescar, é melhor escrever "caçar".

— Escrevo — concordou o mocinho —, mas ainda bem que não é verdade. Nunca iria caçar, matar um animalzinho, um ser vivo que com certeza não quer morrer.

Escreveu o bilhete, colocou no para-brisa do carro e seguiram pelo atalho. Ricardo falava sem parar. Comentava tudo o que via, ele estava se divertindo muito.

"Parece que realmente ninguém, há muito tempo, usa este caminho", pensou Ramon preocupado. "Será que Zeca não vem mais pegar arnica ou gravetos?"

Defrontaram-se com um pequeno riacho. Ramon teve a certeza de que estava no caminho certo. Mas o tronco que servia de travessia estava destruído, havia apodrecido.

"Será que Zeca não passa mais por aqui com seu Chevete?", pensou Ramon.

Escolheram a parte mais estreita do riacho e pularam para atravessá-lo.

— É logo ali! — exclamou Ramon, contente por ter encontrado o caminho com facilidade.

— É bom mesmo encontrar logo essa casinha — disse Ricardo. — Estamos caminhando há uma hora e trinta e cinco minutos. E temos de pensar que iremos voltar.

Ao avistar o casebre, Ramon gritou várias vezes pelo amigo. Nada de respostas.

— Parece não ter ninguém por aqui — opinou Ricardo.

Foi então que Ramon percebeu que tudo parecia abandonado. Não existia mais a horta, em seu lugar somente o mato; o galinheiro estava vazio; o casebre, se deteriorando.

— Espere-me aqui, Ricardo — pediu ele. — Vou entrar na casa.

Forçou a porta, ela se abriu, e ele entrou. Tudo estava sujo, demonstrando que há tempos o lugar estava desabitado. Ao entrar no quarto, viu, estarrecido, um esqueleto em cima da cama.

— Zeca! — falou Ramon baixinho. — Meu amigo Zeca!

Lágrimas vieram abundantes aos seus olhos. Certificou-se de que aquele esqueleto eram os restos mortais de seu amigo pelos cabelos.

— Ramon! Posso entrar?

Ele escutou Ricardo chamá-lo em tom alto. Não quis que o garoto visse aquela cena e respondeu:

— Não! Vou sair!

Enxugou o rosto e saiu.

— Seu amigo não mora mais aqui?

— Não, não mora — respondeu ele. — Encontrei o esqueleto dele na cama.

— Nossa! — exclamou o garoto. — O coitado morreu sozinho.

— Morreu como viveu: sozinho!

— O que vai fazer agora? Vai enterrá-lo?

Ricardo tinha se sentado no banco em que ele e Zeca costumavam sentar, acomodou-se ao lado do garoto, ficou quieto por uns momentos e pensou: "Cheguei tarde! Perdi meu amigo! Infelizmente estou entendendo isto somente agora".

— Por que você está tão calado? — perguntou Ricardo.

— Estou rezando.

— Vou rezar com você, vou pedir para seu amigo ir para o céu.

Ramon pensou, mentalizou o centro espírita que frequentava e rogou para os bons espíritos que lá trabalhavam que fossem em seu auxílio para ajudar Zeca, isto se ele se encontrasse ali ou estivesse necessitado de auxílio.

"Por favor, socorram meu amigo!", rogou com fervor. "Jesus, Mestre Amigo, ajude, por favor, o Zeca. Se ele estiver bem, que receba minha gratidão, que meu 'Deus lhe pague' seja de muitas bênçãos."

Esforçou-se para não chorar, não queria assustar Ricardo.

— E aí, vai enterrá-lo ou não? — quis o garoto saber.

— Vou!

"O mais certo seria ir à cidade mais próxima e informar que encontrei um esqueleto. Mas prometi não denunciá-lo. Embora ele esteja morto, não deixa de ser uma denúncia."

— Onde? — indagou Ricardo.

— Como?! — respondeu Ramon.

— Onde irá enterrar os restos mortais desse seu amigo. Aqui? Ou no cemitério?

— Vou enterrá-lo aqui, vou cavar um buraco e enterrá-lo. Cavarei ali — ele mostrou onde fora antes a horta.

— Posso ajudá-lo? Sei fazer uma cruz. Posso fazê-la e escrever o nome dele nela.

— Quero, sim! Vou pegar o que você precisa.

— Aqueles paus ali — o garoto mostrou o antigo galinheiro — darão uma bonita cruz.

Ramon entrou novamente no casebre, procurou pelas ferramentas e as encontrou no lugar onde costumavam guardá-las. Pegou as que precisariam. Ajudou o mocinho a tirar os paus do antigo galinheiro, e o garoto se entusiasmou com a ideia de ser útil, pôs-se a trabalhar. Ramon pegou a enxada e a pá, foi para onde tinha sido a horta, escolheu o melhor lugar e começou a cavar.

"Será que Zeca ficou doente? Será que, além de estar sozinho, desencarnou com dores e privado até de alimentos? Ou morreu de repente?" — pensou ele entristecido.

— *Morreu de repente!* — escutou a voz.

"Tomara que tenha sido assim!", pensou ele.

Logo o buraco ficou pronto. Fez estreito e fundo, pensando em amontoar os ossos.

A cruz também ficou pronta.

— O que escrevo? — perguntou Ricardo.

— Como?

— Na cruz? O que escrevo nela? Com esta faca e este martelo posso escrever algo na madeira. Grafo o nome do seu amigo?

"José?", pensou Ramon. "Não sei o nome dele completo. Para mim era o Zeca. Peço para Ricardo escrever somente 'Zeca'? Ou completo com o 'bom amigo'? Bom? É melhor não. Ele foi muito sozinho. Mas me ajudou."

— Já sei! — exclamou o ex-hóspede do lugar. — Escreva "Zeca, o solitário solidário". Será que cabe na cruz? Você consegue?

— Vou escrever primeiro a lápis. Com certeza irei conseguir.

O garoto voltou ao trabalho, e Ramon entrou no casebre. Pegou um pedaço de tecido, que fora usado como toalha de banho, e, com cuidado, pegou também o lençol com os ossos, colocou-os na toalha e cuidadosamente levou tudo para o buraco. Orou mais uma vez e exclamou chorando:

— Que seu sepultamento seja cristão! Que seu espírito esteja bem e feliz!

— *Amém!* — a voz novamente.

— Já me acostumei com você, voz amiga. Se você puder, ajude o Zeca, isto se ele precisar.

Não obteve resposta, mas sentiu que o amigo não estava ali nem era necessitado.

Cobriu de terra o buraco, e Ricardo acabou a cruz.

— Puxa! — exclamou Ramon. — Ficou bonita. Obrigado!

Fincou a cruz, deixou-a bem fixa e também colocou algumas pedras. Depois, colocou todas as ferramentas no lugar e, ao fazer isso, viu que Zeca guardara uns jornais, algumas revistas e, perto de sua cama, a revista de viagens que tantas vezes ele lera para o amigo. E também deixara dobradas algumas roupas, as que ele usara.

"Você era meu amigo. Desculpe-me e obrigado!"

Fechou a casa.

"Que fique assim! Talvez alguém possa usá-la um dia", determinou ele.

Voltaram, e Ricardo caminhou o tempo todo conversando. Ramon pensou: "Se o garoto contar ao pai ou para os amigos o que fizemos, irão me julgar louco ou irresponsável, é melhor inventar uma história".

— Ricardo, tenho de lhe dizer uma coisa. Conheci Zeca e seu dono quando passei por aqui uma vez, numa viagem que fiz transportando cavalos. Luís era o dono do casebre, era um fazendeiro que vinha aqui para caçar, e Zeca era seu cachorro.

— Você enterrou o esqueleto de um cachorro? Fez-me montar uma cruz para um cão?

— Primeiro, não fiz — defendeu-se ele. — Você que se ofereceu para fazê-la. E o que tem de mais ter um cachorro como amigo?

— É preferível do que um amigo cachorro. Tudo bem, animais também merecem ser enterrados. E esse Luís, onde está?

— Pelo jeito não tem vindo mais no casebre. Combinamos que se Zeca, o cão, morresse, ele deixaria seu corpinho dentro da casa para eu saber, isto se um dia retornasse aqui.

Ricardo acreditou, fez algumas perguntas sobre o cachorro e ele respondeu, inventando.

Chegaram ao carro e o garoto perguntou:

— Estou com fome, posso comer aquelas bolachas?

— Claro, pode comer.

— Se seu amigo era um cachorro, por que comprou roupas de homens e alimentos? — Ricardo quis saber.

— Você se lembra de que passamos por aquelas casinhas pobres? Isso é para eles. Teremos de passar por lá novamente e darei isso tudo para aquelas pessoas.

— Posso ajudar? — indagou o garoto.

— Você dará. Vamos.

Havia quatro casinhas perto da estrada. Ramon parou o carro em frente a elas. Os moradores, curiosos, saíram de seus lares e ficaram olhando o carro e seus ocupantes.

— Trouxe a vocês alguns alimentos e roupas. Aceitam? — perguntou o dono do carro.

Sábado à tarde todos estavam em casa. Ele foi pegando os pacotes do carro e dava a Ricardo, que, por sua vez, distribuía às pessoas. Rapidamente, deram tudo.

"Zeca", pensou Ramon, "isso era para você, então é seu. Sendo assim, sinta como se fosse você quem estivesse doando e que os 'obrigados' e 'Deus lhe pague' tenham eco em seu coração".

Receberam os agradecimentos e foram embora.

— Gostei de dar! — exclamou o jovem. — É mais gostoso do que receber. Os sorrisos deles me alegraram. Depois que mamãe morreu, esta foi a primeira alegria que senti. Pena você não ter me falado isso, porque iria trazer meus brinquedos, ainda tenho alguns, e umas roupas minhas, as que não me servem mais, para dar a eles. Por que você não comprou roupas infantis? Naquelas casas haviam seis crianças!

— Sabe que não pensei nisso? Comprei como se fosse para mim e me esqueci das crianças. Deveria realmente ter dito a você. Sou mesmo um...

— Não complete! — interrompeu o jovenzinho. — Você foi ótimo! Na próxima vez eu o ajudarei!

E Ricardo voltou a falar entusiasmado. Pararam para comer.

— Se seguirmos viagem chegaremos tarde da noite em casa. Você, Ricardo, escolhe se quer ir embora ou pernoitar nesta cidade.

— Amanhã à tarde tem show de rock no parque central. Queria ir.

— Então vamos embora e vou levá-lo ao show.

— É que é para jovens e...

— Está bem, levo-o até o parque e depois o busco. Combinado?

O jovem voltou a falar entusiasmado do show e do passeio.

Chegaram depois da meia-noite. Ramon deixou o garoto no apartamento dele e foi para o seu. Embora cansado, ficou acordado pensando no Zeca.

"Meu Deus! Tenho recebido muito e devo retribuir pelo menos um pouquinho do que tenho recebido. Mas, por favor, Pai Divino, que Zeca esteja bem."

Decidiu então ajudar financeiramente as obras sociais mantidas pelos voluntários do centro espírita que frequentava.

No outro dia, domingo, levou Ricardo para almoçar, depois levou-o ao parque e foi buscá-lo. Quando o pai dele retornou de viagem, foi agradecê-lo.

— Foi um prazer ficar com ele — respondeu Ramon —, seu filho é um jovem muito especial.

— Obrigado mais uma vez — falou César. — Ricardo me contou que se divertiu bastante. Sabe que ele doou todos os seus brinquedos e várias roupas ao bazar da igreja? Depois que minha esposa faleceu, tornamo-nos muito solitários, e meu filho me disse que agora quer ser um "solitário solidário". Esse garoto tem cada ideia...

— Permita-me dizer — falou o dono do apartamento — que é sábia a ideia dele.

Riram.

capítulo 9

O Espiritismo auxiliando as pessoas

$\mathcal{E}$ como Ramon decidiu, passou a ajudar o centro espírita na assistência social, contribuía com dinheiro. Numa noite de sábado, Américo convidou-o para assistir a um trabalho de orientação de desencarnados.

— Penso — falou Américo — que você já tem conhecimentos suficientes para assistir a uma sessão de desobsessão, que acontece na casa, três vezes por semana. Tem uma que dá para você vir: é no sábado, às dezesseis horas. Terminamos às dezessete horas e trinta minutos, e todos nós que participamos ficamos para a palestra.

— Gostaria muito de vir. Será que posso trazer dona Margarida? É que ela vem comigo e depois a deixo em casa.

— Pode, sim — permitiu Américo.

Ramon havia feito amizade com o pessoal do centro espírita, conhecia todos os frequentadores assíduos, pois, como acontece quase sempre nas casas espíritas, infelizmente muitas pessoas só vão de vez em quando.

No sábado seguinte, Margarida e ele foram e se sentaram perto da mesa onde os médiuns se acomodaram. Na teoria, ele sabia bem tudo o que acontecia num trabalho de orientação a desencarnados. Achou maravilhoso na prática.

E Margarida teve uma surpresa. Seu esposo se comunicou. Um médium falou ou repetiu o que o desencarnado dizia numa comunicação fantástica. Logo que o médium começou a falar, Margarida cochichou para seu acompanhante:

— É meu esposo! Tenho certeza! Ele sempre começava a falar, se o assunto era importante, assim "minha cara"!

— *Sou eu mesmo! Seu marido!* — disse o desencarnado através do médium. — *Minha querida, vivi como um inconsequente e tive muitas surpresas quando meu corpo carnal morreu. A primeira delas foi que continuei vivo: a vida continuou, e eu sofri, perturbei-me e, por muitas vezes, quis morrer mesmo, mas a morte, como pensava, não existe. Nada acaba! A primeira vez que você, cara companheira, veio aqui, vim junto. Abençoada tarde, recebi ajuda, me acolheram, entendi o que de fato ocorreu comigo. Aproveito agora para agradecer a estas pessoas, porque à equipe trabalhadora desencarnada, já agradeci. Hoje estou fazendo pequenas tarefas, desejo aprender a trabalhar, coisa que não fiz quando vestia o corpo físico. Peço-lhe, minha querida, que aproveite esta oportunidade, aprenda encarnada. Procure o livro verde, lá tem algo que quero que veja. Adeus! Obrigada por tudo. Agradeço a Deus e a todos.*

O médium silenciou. Margarida enxugou as lágrimas. Houve muitas outras comunicações, e todos os necessitados foram orientados com sabedoria e bondade. O trabalho terminou com uma bela prece. O grupo se desfez. Ramon e Margarida foram para o salão.

— Não tenho nenhuma dúvida — disse a senhora ao seu jovem amigo — de que foi meu esposo quem falou através da mediunidade daquele senhor. Gostei muito de ter notícias dele. Ele me chamava de "minha querida" e, de fato, nunca trabalhou. Fomos inconsequentes e gastamos com festas e viagens as heranças que recebemos.

— Estou contente pela senhora ter recebido notícias de seu marido. Eu gostei muito desse trabalho, vou aprender para fazer parte de uma das equipes da casa.

— Impressionei-me também — falou a senhora — com aqueles desencarnados maldosos que fizeram ameaças e me admirei com o que o doutrinador falou a eles: que não temia chantagens e ameaças porque trabalhava para Jesus. E foram todos orientados.

— A morte do corpo físico surpreende a maioria das pessoas, e muitos ficam perdidos no Além!

— Sessões de desobsessões são muito importantes! É um alívio para muitas dores, um alento para tantos espíritos! — concluiu Margarida.

A palestra começou e, como sempre, foi muito produtiva, elucidativa. Naquela casa, as palestras eram incentivadoras, levando quem as assistia a ter vontade de melhorar, de fazer o bem. Todos se sentiam entusiasmados.

Quando terminou, Margarida disse ao seu acompanhante:

— Que livro verde será que ele falou para procurar? O que será que tem dentro dele?

— A senhora tem muitos livros. Não tem ideia de qual seu esposo se referiu?

— Realmente não sei — respondeu Margarida. — Você não me faria um favor? Venha em casa comigo e me ajude a procurar.

— Não posso demorar. Tenho um encontro com Suze.

— Você telefona lá de casa para ela e avisa que irá se atrasar por alguns minutos. Não sei se vou achar e, se encontrar, o que será? Queria você comigo.

Ele a atendeu. Margarida tinha telefone e, como dizia, era a única coisa que ficara e lembrava de sua fortuna de outrora. O aparelho telefônico, naquela época, era raro, poucas pessoas possuíam. Para usá-lo, tinha de ser com o auxílio de uma telefonista. Pedro tinha também um aparelho. Ele ligou e avisou Suze de que ia se atrasar.

— Pronto — disse ele —, vamos procurar!

— Livro verde? Será a capa? — indagou Margarida.

Procuraram entre todos os livros os que tinham a capa verde. Não encontraram nada.

— E agora? — perguntou Ramon. Se não está numa capa verde, o melhor é procurar em todos. Ele gostava de ler?

— Sim, lia bastante. Verde? Meu Deus! Como não me lembrei antes? Ele ganhou certa vez um livro da mãe, que, ao ler, comentou: "Que livro chato! É verde como jiló!". Só pode ser ele! É um bom lugar para guardar algo, ninguém iria lê-lo e não iríamos nos desfazer dele porque foi dado pela minha sogra.

Procurou pela estante e logo encontrou. Exclamou contente:

— Aqui está! Vamos abri-lo!

E, ao folheá-lo, encontrou um envelope.

— Abra para mim, estou nervosa — pediu Margarida.

O moço abriu.

— Neste envelope tem um documento bancário. É uma aplicação.

— Como faço para saber se é verdadeiro? — perguntou a senhora.

— Terá de ir ao banco, nessa agência, e se informar.

— Você vai comigo? Por favor, com certeza não saberei fazer isto.

— A senhora não prefere pedir para algum parente?

— Tanto eu como meu esposo — respondeu Margarida — tínhamos irmãos, mas todos já desencarnaram. Temos sobrinhos, com quem, na época da opulência, nos dávamos muito bem, mas, com a nossa falência, afastaram-se de nós. Atualmente, não sei deles. Com receio de que eu peça ajuda financeira, eles não me recebem nem atendem meus telefonemas. Depois de muitas recusas, também os ignorei. Não posso pedir nada a eles. Sinto-me segura com você.

Ramon pensou como poderia ajudá-la. Teria de pedir no trabalho para fazer um horário maior de almoço e a levaria ao banco. A agência era longe, na parte da cidade onde residiam pessoas de posses financeiras. Combinou com sua professora na segunda-feira, no seu horário de almoço, que passaria para pegá-la e iriam de carro.

E como combinado, na segunda-feira, foram ao banco. Ramon mostrou o papel achado para um atendente, que os levou a um gerente.

— De fato — confirmou o gerente —, essa aplicação existe. Está em nome de Margarida. É a senhora? — Com resposta afirmativa, ele continuou a falar: — Quer saber quanto a senhora tem?

Com outra afirmativa, ele saiu da sala e, minutos depois, voltou e falou a quantia. Era uma soma razoável. Margarida não se alterou e falou tranquilamente:

— Quero resgatar. Quando posso pegar esse dinheiro?

Seu jovem acompanhante interferiu e acertou tudo com o gerente. Abriram para ela uma conta, deixando o dinheiro depositado. Ao voltar, ele explicou:

— É perigoso ter tanto dinheiro assim em casa. Agora a senhora pode usar o cheque.

— Vou comprar a casa em que moro! — exclamou a senhora muito alegre. — Estava preocupada porque o proprietário me avisou que ia vendê-la e talvez eu tivesse de mudar. O aluguel é barato e seria difícil alugar outra com o valor parecido. Comprando-a, não terei mais de dispor do dinheiro do aluguel e aí posso dizer a você que não precisa mais das aulas nem de me pagar. Vou hoje mesmo negociar a compra da casa. Estou muito feliz!

O jovem ficou contente pela amiga. De fato, ela comprou a casa e muitas coisas. Continuou dando suas aulas particulares, mas ele não as teve mais. Margarida tornou-se espírita, passou a frequentar as aulas de estudo e tanto ela quanto Ramon, os trabalhos de desobsessão e as palestras.

O vice-presidente da empresa que Ramon trabalhava convidou-o, por ele falar inglês, para ir numa reunião com ele. Aceitou o convite e tudo deu certo. Ele sabia se comportar e novos convites vieram.

Incentivado por Margarida, ele comprou o apartamento em que morava, parte com dinheiro guardado e financiou o restante.

Seu namoro com Suze estava firme, e planejaram, em suas formaturas, no fim daquele ano, que iriam noivar e marcar o casamento. Ele resolveu levá-la à casa dos pais e então falou a ela o que havia lhe acontecido, mostrou sua cicatriz. Contou o que tantas vezes repetira e não falou do Zeca.

— Suze, conte à sua família, mas peça a eles para não comentarem comigo. Eles, indo lá, com certeza irão escutar essa história. Não gosto de lembrar desse período triste de minha vida.

— Foi por esse motivo que ainda não tinha me levado à casa de seus pais? — Suze quis saber.

— Sim, foi.

— E eu pensando, toda enciumada, que você poderia ter alguém por lá!

— Não tenho ninguém por lá — afirmou ele. — Tive poucas namoradas e, antes de você, nenhuma importante.

A visita foi agradável. Foram os pais, os irmãos de Suze que encantou a todos. Ficou combinado: na formatura deles, noivariam e, meses depois, se casariam. O casal estava contente.

Uma noite, ele chegou da faculdade e ficou na sala estudando. Bateram à porta.

— Ramon! Você está acordado? Sou eu, César!

Ele abriu a porta, cumprimentou e o convidou a entrar.

— Ricardo saiu e voltará mais tarde. A mãe de um amigo dele o trará para casa. Não consigo dormir até que ele chegue. Queria conversar com você. Importuno-o?

— Claro que não, César! Sente-se aqui. Escuto-o e, se puder, conte comigo para ajudá-lo. Está preocupado com Ricardo?

O garoto continuou seu amigo, os três sempre conversavam e foram muitas as vezes em que jantaram juntos ou almoçaram no domingo.

— Não — respondeu César —, Ricardo está bem. Sou eu que estou confuso. Você sabe que sou viúvo e sofremos muito com a morte de Isabel. Amava-a demais e penso que ainda a amo. É muito triste estar separado de um amor.

— Entendo! — exclamou o dono da casa.

"Como entendo", pensou ele. "A dor da separação é profunda e dolorosa. Eu sei!"

— Hoje seria o aniversário de Isabel, Ricardo não se lembrou e eu não falei nada. Meu filho já sofreu muito. Nossa história, de Isabel e minha, foi linda e triste. Conhecemo-nos numa festa e nos enamoramos. Os pais dela foram contra, radicalmente contra. Colocaram-na de castigo, vigiavam-na, mas nos correspondíamos com ajuda de amigos e conseguíamos nos encontrar raramente. Foram dois anos namorando desse modo. Isabel ficou grávida e esperou quatro meses para contar aos pais, para que não fosse obrigada a fazer um aborto. Seus pais a expulsaram de casa, e meus pais nos ajudaram. Casamos e fomos morar num pequeno apartamento. Mas Isabel não estava bem. Minha mãe a levou ao médico e, pelos muitos exames, constatou um problema sério no seu coração e pressão arterial muito alta. Fomos morar com meus pais para ela ter o repouso necessário e uma dieta completamente sem sal. Isabel avisou aos pais e a resposta deles a entristeceu profundamente. Disseram: "o que acontece com você não nos interessa". No sétimo mês de gestação, minha esposa teve de ser internada. Como o neném não estava mais sendo alimentado, foi feita uma cesariana, e Ricardo nasceu muito pequenino, tendo de ficar na UTI neonatal. Mas minha amada estava muito mal. Avisei a seus pais, eles vieram, olharam-me com muito desprezo, mas foram vê-la e lhe agradaram. Ela se alegrou com a presença deles e melhorou.

César fez uma pausa, suspirou, enxugou algumas lágrimas e voltou a falar:

— Os dois, minha mulher e Ricardo, ficaram dois meses internados, saíram do hospital e meus sogros os levaram para a casa deles, disseram ter melhores condições de cuidar dela e da criança. Foram para ficar um mês e acabaram ficando três meses. Foi um período complicado para mim: ia vê-los como visita, Isabel me recebia na sala com nosso filhinho, e seus pais nem vinham me cumprimentar. Insisti muito, e minha esposa voltou comigo para o nosso apartamento. Contratei uma empregada para ajudá-la, e foram meus pais que nos ajudaram financeiramente. O médico alertou-nos de que ela não deveria ter mais filhos. Tomamos todas as precauções possíveis, e o tempo foi passando... Ganhando mais, melhoramos financeiramente, mas meu pai continuou nos auxiliando. Mudamos para um apartamento maior e melhor. Ricardo crescia forte e sadio. Isabel ia sempre ao médico e se sentia bem. Meus sogros não vinham ao nosso lar. Ela ia visitá-los com Ricardo, mas eles não ligavam para o menino, tanto que, quando ele começou a entender, não gostava de ir à casa deles, embora sempre tenha gostado muito dos avós paternos.

Novamente outra pausa. César acomodou-se melhor no sofá e encostou a cabeça numa almofada. Ramon estava atento à narrativa do vizinho, olhou-o compreensivo, e ele voltou à sua história.

— Ricardo completou onze anos, estávamos felizes, e nosso amor havia se tornado mais sólido. Foi então que ela começou a passar mal. Corremos para o hospital, e seu médico, um cardiologista muito competente e dedicado, foi atendê-la. Fizemos muitos exames e ficou constatado que minha esposa estava grávida de quase quatro meses. Indignado, perguntei: "Meu bem, você escondeu de mim esta gravidez?". Ela respondeu: "Eu não sabia que estava grávida, estava menstruando. Não quero abortar!

Por Deus, não quero! Se consegui ter Ricardo, vou conseguir ter mais este". Telefonei para meus pais, que foram buscar Ricardo na escola e o levaram para o lar deles, isto para o menino não ficar sozinho, porque eu ficava todo meu tempo disponível com ela. Avisei meus sogros, que vieram ao hospital e me ofenderam. Evitamos filhos de forma muito consciente e não soubemos o que falhou. Para os pais dela, eu era o culpado. Isabel ficou internada por dezessete dias, seu estado se agravou e a criança morreu. Era uma menina. Minha amada piorou, entrou em coma e, dezenove dias depois, faleceu. Sofri muito. Os pais dela gritaram comigo, chamaram-me de assassino, disseram que eu a havia matado. Não quiseram nem ver Ricardo. Meus pais ficaram ao meu lado. Mudamo-nos para cá, para este apartamento, minha mãe achou melhor residirmos num local diferente, e aqui é perto da escola de meu filho. Meus ex-sogros, quando falam de mim, referem-se como "aquele assassino" e outros adjetivos rancorosos. Quiseram ver Ricardo, mas, por me xingarem, ele evita vê-los. Embora meu filho fosse ainda um garoto quando a mãe dele faleceu, não lhe escondi nada, e Isabel, antes de morrer, no hospital, conversou com ele e explicou que ninguém teve culpa.

César parou de falar e houve um silêncio na sala em que somente se escutava a respiração dos dois.

— Você — César continuou a falar — deve estar se perguntando por que estou lhe dizendo tudo isso.

— É bom falar. Nossos problemas se tornam menores quando os dividimos. Estou solidário com você. Compreendo. Não é fácil estar separado daqueles que amamos.

— Ainda amo Isabel. Nestes anos de viuvez, tive somente alguns encontros, mas não consigo ainda me envolver com ninguém. Assim, Ricardo e eu estávamos vivendo, um para o outro, porém meu filho está se tornando adulto, é responsável. Estou lhe contando isso porque sei que é espírita e, se não estou enganado, espíritas conversam com os mortos. Gostaria de entender isso. Será que pode me explicar? Será mesmo que a vida continua? E como foi ou é esta continuação para minha amada?

— Somos espíritos — respondeu Ramon —, que ora vestimos o corpo físico, então estamos encarnados, e, quando este padece, a vida continua e então vivemos um período desencarnados. Para as pessoas boas, esta continuação é agradável. Penso que sua esposa esteja muito bem, vivendo num lugar muito bonito.

— Será que ela pensa em nós? Sente saudades? — perguntou César.

— A saudade é sentida por aqueles que amam. Sim, acredito que sua esposa pensa em vocês, sente saudades e almeja que estejam bem e felizes.

— Um colega de classe de Ricardo disse a ele que sua irmã falecida há dois anos escreveu para a família. Isto é possível? — César quis saber.

— Sim, é possível. Muitas pessoas têm recebido notícias de seus afetos que partiram para o plano espiritual.

— Murilo, o colega de Ricardo, disse a ele que todos de sua família ficaram impressionados e muito felizes com a mensagem. Agora meu garoto quer também receber uma mensagem da mãe.

— Você também quer receber notícias de Isabel? — indagou Ramon.

— Sim, quero. Necessito saber se ela me perdoou.

— Perdão? Por favor, César, você não teve culpa, não tem por que ser perdoado.

— Penso muito nisto: perdão. Os pais dela conseguiram me deixar com sentimento de culpa. Talvez encontre auxílio no Espiritismo.

— No local que frequento, não temos no momento médium que faça esse trabalho de psicografia.

— Será que não podemos ir lá? — perguntou César. — Queria conhecer um pouco da Doutrina Espírita.

— Levo-os com o maior prazer! — exclamou o dono da casa.

Combinaram. Como Ramon iria antes para a sessão de orientação a desencarnados, ele os esperaria na entrada minutos antes de começar a palestra.

No sábado, Ramon encontrou-os no local combinado, entraram no salão e acomodaram-se. Logo começou a palestra. E esta foi dada por um homem jovem ainda, sobre desencarnação. Foi fantástico! Começou falando das figuras bizarras que representam a morte e o que o Espiritismo nos ensina sobre este momento importante para todos nós. Que o desligamento do nosso corpo espiritual do físico é um fato que pode e deve ser tranquilo e que o é para as pessoas boas. Com entusiasmo e, com alguns dizeres engraçados, levou a assistência a rir. O palestrante se esforçou bastante para suavizar o medo da morte, fazer compreender que simplesmente se muda de plano e que na bagagem levamos somente nossas ações. E que rico é aquele que parte acompanhado de bons atos.

A palestra acabou. César e Ricardo foram receber o passe e, quando terminou, o garoto contente encontrou com dois amigos, Murilo e Sebastian. Os jovens ficaram conversando. Minutos depois, falou eufórico até o pai:

— Papai! Por favor! Vamos à Uberaba! Por favor!

— Calma, Ricardo! Tente explicar seu pedido falando devagar — pediu César.

— Murilo — falou o garoto agora devagar — me contou que, no fim do mês, uma caravana com o pessoal do centro irá para Uberaba, no estado de Minas Gerais, para visitar o médium mineiro Chico Xavier. Se formos, podemos pedir uma mensagem da mamãe. Por favor, podemos ir?

— Vamos conversar em casa — respondeu César.

— As pessoas que querem ir têm de dar resposta, e logo — falou o mocinho aflito.

— Não pode ser amanhã? — perguntou César.

— Pode, sim — respondeu Murilo. — Amanhã, às onze horas, o pessoal que quer ir se reunirá aqui para planejar a viagem. Minha mãe e eu iremos. Já recebemos mensagem, mas mamãe quer agradecer, porque, na noite que recebemos a carta de minha irmã, ficamos tão emocionados que nem "obrigado" dissemos.

Despediram-se. Ramon levou Margarida para a casa dela e depois foi para o apartamento dos vizinhos. Encontrou-os eufóricos.

— Vim aqui — disse Ramon — explicar a vocês o que não entenderam da reunião desta tarde.

— Entendemos tudo — falou Ricardo sorrindo —, é maravilhoso compreender que não acabamos com a morte e que mamãe continua viva, só que vivendo de outro modo e nos amando. Papai e eu iremos a Uberaba.

— É sobre isso que quero lhes falar — disse o amigo. — Como Francisco Cândido Xavier, o Chico, diz: "o telefone toca somente de lá para cá". Penso que amanhã, na reunião, explicarão como é realizada essa visita. As mensagens são pedidas porque, quando pedimos, nos tornamos receptivos a receber. São muitos os pedidos e nem todos os recebem. Algumas pessoas voltam muitas vezes para receber. São respeitadas algumas normas, o trabalho é organizado, e às vezes são atendidos os mais necessitados. Vocês devem ir esperançosos, mas também cientes de que pode ocorrer de não receberem dessa vez.

— Pensei que bastasse pedir — lamentou Ricardo.

— Não estou dizendo que não irão receber — Ramon tentou explicar. — Estou somente alertando das possibilidades.

— Vamos assim mesmo — decidiu César. — Essa viagem será um passeio, e Ricardo terá a companhia de Murilo. Ramon, esse senhor cobra para transmitir essas mensagens?

— Não cobra nem agradecimentos — respondeu ele.

Passaram a falar entusiasmados da viagem. Ramon despediu-se e foi encontrar com a namorada. Ele orou todos os dias para que Isabel tivesse permissão de escrever para dar alegria e orientação aos amigos.

Os vizinhos viajaram e regressaram no domingo à noite, dando um susto em Ramon quando tocaram a campainha de madrugada.

— Desculpe-me — pediu César —, Ricardo tocou a campainha sem eu ver. Ele está tão eufórico! Estamos nós dois muito felizes!

— Meu amigo — contou o garoto —, mamãe escreveu para nós. É incrível! Escreveu coisas que somente nós dois sabíamos e, uma, somente o papai. Obrigado! Nós agradecemos ao senhorzinho, o senhor Chico Xavier!

— Amanhã você traz a mensagem para ele ler. Venha, garoto, vamos dormir — pediu César.

No outro dia, à tarde, quando saiu do trabalho, Ramon foi direto ao apartamento dos vizinhos. Ricardo estava em casa e contou:

— A viagem foi muito agradável. Murilo e eu conversamos bastante e ele me ensinou muitas coisas sobre a Doutrina. Papai e eu decidimos ser espíritas. Compreendi tudo o que meu amigo me ensinou. Em Uberaba, pedimos a mensagem. Ficamos numa fila e aguardamos. Mamãe, com permissão de Deus, escreveu para nós. E sabe o que fiz? Plastifiquei-a, tirei cópias e já mandei pelo correio aos meus avós maternos. Leia, amigo, mamãe nos ama e quer que sejamos felizes. Indiretamente, pede até para o papai arrumar uma companheira. Já decorei a mensagem.

Ramon leu. Era uma missiva entusiasmada, carinhosa, dizendo que os amava. Isentava César e pedia para o esposo não sentir culpa porque esta não existiu.

Dizia estar contente com o filho por ele ser ajuizado e estudioso. Contou que morava numa colônia muito linda e que seu trabalho no Além era com crianças. E se referiu aos pais, dizendo à mãe que o caroço era benigno e que o pai necessitava cuidar melhor de sua angina. Mandava beijos e abraços.

— Amigo — disse Ricardo assim que ele acabou de ler a carta —, veja estes papéis, aqui estão assinaturas de mamãe. Compare-as com a da mensagem.

— São idênticas! — exclamou o amigo do garoto emocionado.

— Também tirei cópias dessas assinaturas e mandei aos meus avós. Veja esta parte! — o garoto apontou um parágrafo. — Mamãe escreve que o anel que falta a terceira pedra está guardado na caixa de aniversário. Papai afirmou que há tempos não lembrava da caixa nem do anel. Somente ele sabia deste fato. Quando eles fizeram seis meses de namoro, meu pai comprou para minha mãezinha um anel, bijuteria, com três pedrinhas e, dias depois, caiu uma pedra, que se perdeu. Papai colocou o anel numa caixa que mamãe ganhou dele num aniversário. Não é incrível?

Ricardo beijou a mensagem.

— É! — concordou o moço. — É incrível e também uma graça!

— Graça do Pai Amoroso! Papai e eu agradecemos a Deus e, no sábado, vamos ao centro espírita agradecer também. Decidimos não ficar mais tristes, prometemos ser alegres.

Duas semanas depois, Ricardo foi ao apartamento de Ramon contar a ele que os avós maternos responderam a carta e lhe mandaram um cheque para ele comprar um presente.

— Foi vovó quem respondeu, ela disse que estava preocupada com um caroço que surgiu no seu seio e que não tinha contado a ninguém, nem ao vovô. E que, de fato, meu avô está tendo crises de angina. Afirmou que se alegraram com a mensagem e que, se recebêssemos mais alguma, para enviar para eles. E uma coisa fabulosa aconteceu: eles mandaram abraços para o papai. Vou escrever a eles contando como recebemos a mensagem e agradecer o presente.

César e Ricardo passaram a ir às palestras no sábado e se tornaram mais alegres. Tempos depois, Ricardo passou na universidade de Direito, e César arrumou uma namorada, frequentadora do centro espírita. A vida, com certeza, continua.

— Ramon — disse César ao vizinho —, gosto da companhia de minha namorada, planejamos morar juntos, mas, com certeza, não a amo, não como amei Isabel. Será que estou agindo errado?

— Penso que não — respondeu o moço. — Gostar é uma forma de amar. Você pode reservar uns minutos por dia para pensar em Isabel. Imagine que nossos sentimentos ficam em repartições dentro de nós, em gavetas. Deixe a mais bonita para as lembranças de sua esposa. Mas dê também importância a todos os outros afetos. Fique com essa moça, mas não fale a ela de Isabel.

— Vou seguir seus conselhos.

"Aconselhei César a fazer o que faço", pensou ele. "Gosto muito de Suze, mas ainda amo Zenilda. Por mais que eu tenha me esforçado, não a esqueci. Não mandamos nos nossos sentimentos, mas podemos conviver bem com eles se nos esforçarmos."

capítulo 10

A coincidência

O segundo semestre do ano foi muito agitado para o casal de namorados: provas, trabalhos na faculdade e planejamento do noivado.

Numa tarde, quando iam sair do trabalho, Pedro pediu ao futuro genro:

— Se não se importar, vou com você até seu apartamento para conversarmos.

Ramon concordou e, como sentiu o sogro preocupado, ficou também. Saíram do prédio e Pedro seguiu o jovem com seu carro. Entraram juntos no apartamento. Sentaram-se no sofá, e o dono da casa esperou que Pedro falasse, mas este permaneceu calado, inquieto, demonstrando que estava difícil abordar o assunto.

"Será que ele não quer que me case com Suze? Resolveram não permitir mais nosso namoro?", pensou o jovem ansioso.

— Por favor, Pedro, fale! — pediu ele. — Sinto-o nervoso e estou começando a ficar também. Vocês não querem mais que eu namore Suze? É isso?

— Não! É que... — respondeu Pedro.

— É o quê? Seja o que for, é melhor falar. Veio aqui para isso, não foi?

— Suze é adotada! — exclamou Pedro baixinho.

Se Ramon não estivesse atento ao futuro sogro não teria escutado. Ficaram calados por uns dez segundos. O jovem, percebendo que Pedro havia se calado, novamente, perguntou:

— Adotada? E daí? O que o assunto sério que queria me contar tem a ver com isso? Com a adoção?

— Você não se importa de saber que sua futura esposa seja adotada? — indagou Pedro.

— Importar-me? Meu Deus! Claro que não! Não entendo por que você está me contando isso. Suze sabe?

— Não! Minha filha não sabe! Jure! Você jura que não irá dizer nada a ela? — perguntou Pedro nervoso.

— Não gosto de jurar. Não falo! Mas, se é para tranquilizá-lo, eu juro! Por favor, fale tudo o que tem para me contar. Comece pelo início. O que está o afligindo?

— Quando me casei — Pedro falou devagar —, planejávamos ter filhos, mas estes não vieram. Neuzely não engravidava. Procuramos médicos, fizemos tratamentos e nada. Um dos meus primos conseguiu para nós uma menininha e a adotamos. Poucas pessoas sabem desse fato. Morávamos em outro bairro, distante deste, e nossas famílias, de Neuzely e a minha, são pequenas. Nem todos ficaram sabendo e quem soube guardou segredo. Minha esposa e eu conversamos muito e decidimos que tínhamos de ser sinceros com você e resolvemos lhe contar.

— Para mim não faz diferença — afirmou o jovem.

— Puxa, que alívio! — exclamou Pedro, enxugando algumas lágrimas. — Nós amamos Suze, penso que mais do que os outros que são biológicos. Meses depois de que Suze estava conosco, Neuzely engravidou e tivemos os meninos. Estou contando a você também por causa de uma coincidência. O que ocorreu foi que comprei minha filha. Foi assim: meu primo ficou sabendo que uma moça, tia de umas crianças, queria vendê-las. Eram três irmãos que ficaram órfãos por uma tragédia, penso que foi por um acidente. Esta tia já tinha vendido um garotinho que disseram ter ido para o exterior. A menina era pequenininha, estava magrinha e doentinha, chorava querendo a mãe. Mas, conosco logo se tornou sadia e com muito carinho passou a ser uma criança feliz. Meu primo negociou-a para mim, e esta moça não ficou sabendo o paradeiro dela. Esta tia continua morando no mesmo bairro e meu primo sabe dela, esta mulher ficou com a criança mais velha, hoje é um adulto trabalhador. A coincidência? É que Suze, mudamos seu nome quando a registramos como nossa filha, é da cidade perto do sítio de seus pais.

"Pedra Estrela!", pensou o dono do apartamento. "Suze é a filha do casal assassinado. Só pode ser! Marilda e Júlio tinham três filhos que ficaram com uma tia, irmã de Marilda, e o boato foi que ela havia vendido os dois menores. Que coincidência!"

Após uma pausa, Pedro indagou:

— Você sabe de alguma tragédia ocorrida por lá em que ficaram três órfãos?

— Não sei e, se quer um conselho, não pergunte. Esqueça este assunto. Eu já esqueci!

— Você é o genro que Deus nos deu de presente! Obrigado!

Os dois se abraçaram, e Pedro foi embora aliviado e contente. Ramon ficou pensando no que ouviu e concluiu: "Que mundo pequeno! Suze só pode ser filha de Marilda e Júlio e, se ela puxou a mãe, Marilda deve ter sido muito bonita e alvo de inveja e fofoca. O melhor é ninguém mais saber. Deve ser triste saber que o pai matou a mãe, ou que um deles se suicidou ou que foram assassinados. Tomara que Suze nunca saiba. Só não entendo por que Pedro quis me contar. Que diferença pode ter? Será que eles pensavam que eu iria achar ruim? Mas que é coincidência é! Analisando agora, Suze é muito diferente fisicamente de todos, é muito linda. Agora percebo que ela não se parece com ninguém da família".

Atrasou-se para ir à faculdade, chegou na segunda aula.

No sábado, comprou um belo presente e levou para a namorada.

— Que lindo! Obrigada! Mas posso saber o porquê do presente?

— É um agrado para não perder a namorada! — exclamou ele.

Pedro e Neuzely se esforçaram para esconder a emoção, sorriram e agradeceram Ramon por meio do olhar.

Finalmente o dia da formatura chegou. Vieram somente Cida e Alceu, que assistiram emocionados o filho receber o diploma.

Carregando o canudo, Ramon não conseguiu segurar as lágrimas que teimaram em rolar pelo rosto. Por um segundo ele lembrou tudo o que havia lhe acontecido desde que chegou àquela cidade e de seu esforço para estudar. Foi o abraço forte de Margarida que o despertou de suas lembranças. O abraço dos pais foi demorado, e os três agradeceram a Deus por aquele momento tão importante para ele.

— Que bela conquista, meu filho! — exclamou Alceu.

— Temos de ser gratos a Deus por tudo o que Ele nos dá! Mas estou orgulhosa de seu esforço! — Cida exclamou emocionadíssima.

Depois da comemoração, foram para a casa de Pedro, onde uma festa os aguardava. E aí ficaram noivos. Combinaram de ir todos na semana seguinte ao sítio em que haveria outra festa. Ramon deu dinheiro aos pais para organizarem o encontro.

Três dias depois, outra surpresa agradável, Ramon foi promovido e se tornou um dos gerentes.

A festa no sítio foi muito agradável, a família toda se reuniu. Margarida também foi como convidada e gostou muito do passeio.

Os noivos fizeram planos: Ramon iria fazer um curso complementar a seus estudos, de duração de dois anos, que seria à noite, três vezes por semana. O casamento seria seis meses depois do curso. Morariam numa casa de Pedro, que era perto da residência dos pais de Suze. Ele alugaria o apartamento. E passou a ir às quintas-feiras ao centro espírita, num trabalho de orientação a desencarnados. Gostou muito, aprendeu a ser um doutrinador e se dedicou muito a esta tarefa.

Próximo ao casamento, o jovem noivo reservou em dois hotéis alojamentos para sua família e deixou tudo pago. Muitos viriam e pagariam somente pela viagem. Alugou também muitas roupas, principalmente para os pais, irmãos e sobrinhos.

O casamento foi muito bonito. Suze estava deslumbrante, feliz e muito linda. Casaram-se num salão de festa, onde foi realizada a cerimônia do civil. Um amigo espírita falou muito bonito sobre o matrimônio.

— Matrimônio é uma grande oportunidade de estabelecer a solidariedade fraterna entre duas pessoas e duas famílias se tornarem amigas. É um compromisso entre dois seres para uma mútua assistência. Vocês estão aqui para um acordo sincero em que o amor deve reinar. E este amor deve ser alimentado diariamente com pequenos e dedicados atos. Que esta união seja conscienciosa para fazer ao outro o que se quer receber. Que o amor seja o segredo de vocês para serem felizes. Com amor tudo se torna mais suave, resolve-se facilmente os problemas. Façam do amor o sol que iluminará e aquecerá o lar de vocês. Pois o amor suaviza nossa vida, educa e ajuda, enriquece a quem o dá e a quem o recebe. Sejam muito felizes. Que Deus os abençoe!

Todos se emocionaram e oraram um Pai Nosso pela felicidade do casal. Foi uma cerimônia inesquecível.

A festa foi muito agradável e alegre. O casal viajou em lua de mel, e Ramon viu o mar pela primeira vez. Foi um período feliz para o jovem casal. Quando voltaram, foram para a casa, toda decorada por Suze.

A vida do casal era tranquila. Suze lecionava à tarde e cuidava da casa. Já casados, Ramon fazia o curso na faculdade e também ia ao centro espírita. Ele quitou o apartamento. Suze ficou grávida, foi uma alegria: nasceu Aline, e, dois anos depois, Marcelo.

Iam ao sítio umas quatro vezes ao ano e, para terem mais conforto nessas visitas, Ramon comprou para a mãe muitos eletrodomésticos e móveis.

O casal comprou uma boa casa ao lado da dos pais de Suze. O irmão dela se casou e foi residir onde antes moravam.

Ramon foi novamente promovido, agora era diretor. Passou a ir às reuniões da empresa, não mais como assistente, mas para presidi-las, isto graças a seu inglês e à forma como se comportava. Meses depois que exercia seu novo cargo, foi chamado por outra indústria para trabalhar com eles por um melhor salário. Não aceitou. O presidente do grupo chamou-o e o indagou o porquê de não ter aceitado.

— Aqui — explicou Ramon — foi o meu primeiro emprego decente. Gosto daqui, de todos, moro perto, e minha esposa e filhos não querem se mudar daqui. Se aceitasse o emprego que me foi oferecido, teríamos de mudar. O dinheiro é importante, mas a família é mais. E aqui é continuação do meu lar.

Estava sendo sincero. Recebeu um aumento de salário e continuou sendo um excelente profissional.

Alceu ficou doente e desencarnou dois meses depois. Três semanas depois, Cida chamou-o para uma reunião. Ele foi com a família para o sítio.

— Filho — disse Cida a ele —, precisamos fazer o inventário. Seu pai tinha algum dinheiro guardado e este sítio em que trabalham seus irmãos, Rodolfo e Rivaldo. Não quero ficar com nada, vou continuar nesta casa e irei receber a pensão de seu pai. Você está bem financeiramente, então queria lhe pedir para não entrar na partilha. O sítio deve ficar, na minha opinião, para os dois que sempre trabalharam nele: para Rita, o dinheiro, e os dois irão, em prestações, pagar a parte dela do sítio. Você concorda?

"Vou concordar", pensou Ramon, "o que ganho num mês é o que o sítio fatura em dez meses".

— Concordo, mamãe! E vou pagar o inventário. A senhora tem certeza de que não quer ficar com nada? Tem direito a metade de tudo.

— Tenho certeza — afirmou Cida. — Estou velha e não preciso de nada. Agradeço-o. Você, meu filho, está sendo generoso como a vida tem sido com você.

E assim foi feito. Ramon pagou um advogado, um amigo da mocidade, para fazer o inventário. O dinheiro ficou para Rita, e os dois irmãos, com o sítio, comprometendo-se a pagar a diferença para a irmã em prestações.

Mas meses depois Cida começou a se queixar para Ramon de que o dinheiro da pensão não dava nem para comprar seus remédios. Ele então passou a mandar para a mãe, pelo banco, uma quantia por mês, que era três vezes o que ela recebia. Cida ficou muito contente.

Ramon comprou outra casa, grande e bonita, também perto da dos sogros, reformou-a e se mudaram.

Estavam felizes no casamento, combinavam muito, e os filhos, decidiram ter somente dois, eram sadios, bonitos e inteligentes.

Numa visita ao sítio, Suze foi com Rita ver uns artesanatos, e a mãe pediu a ele para ir à cidade e fazer uma compra para ela. A estrada do sítio à cidade, agora, era uma rodovia, seu trajeto havia sido modificado e asfaltado.

"Como tudo na vida muda! Este caminho está tão diferente!", pensou ele.

A estrada de terra ainda existia, e ele passou por ela. Parou perto de onde se encontrava com Zenilda.

"O tempo passa modificando a matéria e o faz até com os sentimentos. Agora raramente me lembro de Zenilda. Ali me encontrava com ela, me parece agora um lugar tão sem graça. Lá embaixo era a casa de Tonica."

Desceu do carro e caminhou rumo à casinha de Tonica.

"Que abandono! Somente há sinais da antiga moradia."

— *Moço bonzinho!*

Fazia tempo que não escutava mais aquela voz e naquele momento reconheceu de quem era.

— É você, Tonica! — exclamou emocionado. — Minha amiga! Como fui esquecê-la? Desculpe-me!

— *Converso.*

Ramon somente escutou isso, mas entendeu que seria no trabalho de orientação a desencarnados da qual participava que ela iria conversar com ele.

— Espero-a! Receba meu abraço — disse ele.

Olhou tudo novamente e voltou para o carro andando devagar.

"O caminho ainda existe, mas não é mais de Urze nem tem mais flores. Tudo se transforma."

Foi à cidade, comprou o que a mãe lhe havia pedido e resolveu ir à casa de sua tia Laura.

— Titia — disse Ramon após os cumprimentos —, ao vir para a cidade, lembrei-me de Tonica. Sei que ela desencarnou, mas não sei como nem quando. A senhora poderia me contar?

— Você saiu para aquele trabalho em que sofreu o assalto no sábado de madrugada. Na segunda-feira, o irmão de Tonica encontrou-a morta, enforcada, num galho de uma árvore na frente da casa dela. Foi muito triste! A polícia tirou-a de lá e a enterraram em seguida. O irmão dela cortou a árvore, tirou os objetos da casa, e a casinha ficou lá, abandonada, e, com o tempo, acabou, virou ruína.

— Não acredito que ela se suicidou! Não creio mesmo! — exclamou ele.

— Tonica era doente, não raciocinava como uma pessoa normal. Talvez não tenha tido intenção de se matar. Não sei o que ela deve ter pensando. Talvez estivesse brincando, quis se balançar. O fato é que encontraram uma cadeira caída embaixo da árvore. A corda era dela, o irmão afirmou. O padre até benzeu o corpo, disse que Tonica não tinha como discernir o certo do errado.

— Não penso assim! Conversava com Tonica, ajudava-a plantando flores, e ela não seria capaz de fazer nada de errado. Mesmo doente, era alegre e gostava de viver.

— Talvez — opinou Laura — ela não tenha pensado que ia morrer. O médico calculou que ela se enforcou no sábado à noite.

Ramon lembrou da primeira vez em que ouviu a voz que agora sabia ser de Tonica. Escutou: "não me enforquei".

— Titia, tenho certeza de que Tonica não é suicida. Deve ter havido um acidente.

— Faz tantos anos que isto aconteceu que não temos como saber. Na época não demos atenção. Mamãe estranhou, mas, como você tinha de voltar e não o fez, nossa preocupação foi com o seu desaparecimento.

— Era amigo de Tonica! — Ramon lamentou. — Quando voltei ao sítio, egoísta, centralizei-me nos meus problemas e nem dei atenção à desencarnação de uma amiga. Como erramos quando vemos somente nossos problemas!

Calaram-se por uns segundos. Depois ele perguntou:

— Tia Laura, e o senhor Legório, o que aconteceu com ele? Faz anos que não sei dele. Desencarnou?

— Teria sido melhor se ele tivesse desencarnado — respondeu Laura. — Ele continua encarnado, porém sua situação não é nada boa. Ele foi ficando, anos atrás, talvez uns dois anos após você ter recuperado a memória, muito estranho, começou fazendo coisas ridículas. Resumindo, ficou louco, completamente sem raciocínio. Andava sozinho por aí, pelos matos, com expressão confusa. Uma vez ficou três dias desaparecido. Ia muito na Pedra Estrela, sentava nela e não queria sair. Os filhos e os empregados tinham de amarrá-lo e levá-lo para casa. Uma vez, depois de um escândalo, em que ele pegou um facão e ameaçou várias pessoas gritando que já tinha matado, os filhos o prenderam em casa. A família contou às pessoas, talvez para justificar a atitude do pai, que o senhor Legório tinha matado cinco porcos e ferido oito, por isso dizia ter matado. Mas ele, na casa-sede, conseguia fugir. Tornou-se perigoso, e todos na fazenda o temiam. Então, os filhos reformaram uma casa de colono, puseram grades nas janelas, deixaram somente uma porta, reforçaram-na e o prenderam lá.

— Nossa! Que tristeza! — exclamou Ramon.

— Houve uma época em que o senhor Legório era um homem muito rico, um dos mais importantes da região. Hoje é um simples fazendeiro. Basta viver mais tempo para ver as coisas e as pessoas se modificarem. A fazenda, na administração dos filhos, não tem dado certo, penso que todos eles querem ganhar como patrão e, pelo que escuto falar, não gostam de trabalhar. A mulher dele não liga para a situação do marido. Também, seu casamento não foi fácil, ela sofreu com as traições e dizem que apanhava muito dele. Ela mora na casa sede.

— Titia, ele está preso mesmo?

— Sim, está — respondeu Laura —, e onde está, penso que seja pior do que uma penitenciária. Agora não tem como ele fugir. Sei disso porque tenho uma cliente que sempre vem aqui em casa me consultar, para eu ler sua sorte, que mora na fazenda. Ela me conta. Os empregados da fazenda são menos da metade dos de antigamente. Esta moça me falou que eles levam para o senhor Legório café da manhã, almoço e jantar e, de dois em dois meses, eles dão um remédio no café da manhã para ele dormir e, quando percebem que ele adormeceu, entram na casa. Dois empregados o tiram da prisão, o colocam para tomar sol, cortam o cabelo, as unhas, fazem a barba, depois lhe dão banho numa bacia grande e colocam nele uma roupa limpa. Enquanto eles fazem isso, duas mulheres limpam a casa. E tanto a casa como ele ficam muito sujos. Nesta prisão não tem móveis, somente um colchão no chão que é sempre trocado. As mulheres que limpam o local sentem nojo, e lá sempre são encontrados insetos. Quando o antigo fazendeiro começa a acordar, eles o trancam novamente. Eles somente conseguem limpá-lo com ele dormindo, porque, se não o adormecerem, ele fica furioso e quer fugir. E quando levam alimentos, escutam-no falar, mas ninguém consegue entender o que ele fala.

— Por que os filhos não o internam num hospital? — perguntou Ramon.

— Hospitais custam caro. Penso que os filhos não querem gastar nada com o pai. Se continuarem com a decadência, daqui a alguns anos nem a fazenda eles terão mais. Gastar sem trabalhar, fortuna nenhuma resiste. A família se envergonha do senhor Legório e o esconde.

— Estou impressionado!

— Eu nem tanto — falou Laura. — Desde mocinha escuto muitas coisas que este ex-fazendeiro fazia de errado. É como se diz: "o que é mal adquirido é mal gasto".

— É a lei do retorno!

— Da infalível causa e efeito! — afirmou Laura. — Às vezes não precisamos renascer de novo para pagar. Pode ocorrer de pagarmos nesta existência mesmo.

— E a Pedra Estrela, ainda existe? Não escutei falar mais dela.

— Foi destruída. O senhor Legório, num ataque de fúria, com uma marreta, danificou-a bastante, principalmente as pontas. Dizem que ele ficou horas martelando a pedra e, quando o encontraram, estava com as mãos feridas, sangrando. Ficaram somente pedaços de pedra que não lembram mais sua antiga forma, a de uma estrela.

Passaram a conversar sobre outros assuntos e, logo depois, Ramon voltou ao sítio.

A visita à mãe, como sempre, foi agradável.

capítulo 11

Trabalho de orientação

Ramon realmente gostou e entendeu o que eram trabalhos de desobsessão ou de orientação a desencarnados quando um palestrante citou um ensinamento de Eurípedes Barsanulfo: "Encontrar Jesus, realmente, significará mudança radical na intimidade do nosso ser. Será a reforma interior definitiva. O nascimento de um homem novo, que veio finalmente à luz d'Aquele que é a Luz do Mundo".

Completou o orador: "vivendo sob o olhar do Mestre e seguindo seus ensinamentos, nenhum espírito desencarnado mal-intencionado poderá nos atingir. Assim sendo, não será obsediado. Mas aqueles que ainda não conseguem, não se esforçam para viver no bem e fazendo o bem muitas vezes necessitam de auxílio e cabe àqueles que já conseguiram, nem que seja um pouquinho, ajudá-los. Daí nosso trabalho de orientação. Lembro a vocês que somos todos espíritos que ora estamos no plano espiritual ora no físico".

E nos estudos de orientação mediúnica, ele teve o conhecimento de que obsessão é escravidão e desobsessão é libertação do pensamento. "Des" é negação. Então "desobsessão" é "tirar a obsessão". E a libertação é abrangente, liberta-se o encarnado e o desencarnado. Ele teve então o propósito de ajudar sempre nesta libertação, tanto no centro espírita como também no seu dia a dia. Estava sempre ajudando colegas na indústria, procurando dar bons conselhos e incentivar amigos, vizinhos e familiares. Talvez por isso muitas pessoas o procuravam para conversar e serem aconselhadas.

Ramon compreendeu que, para ser um doutrinador, teria de viver conforme os ensinamentos de Jesus, isto para ter autoridade moral, principalmente para esclarecer espíritos perturbadores. Precisava dar confiança aos médiuns e aos orientados. Ter discernimento para melhor acertar. Para isto estudava sempre, pois aquele que conhece age com mais segurança. Esforçava-se bastante para colocar em prática o que aprendia. Sua luta era com seu orgulho. Ele era um vencedor profissionalmente, era diretor de uma grande indústria, era casado com uma mulher honesta e linda, tinha dois filhos sadios e bonitos, era querido por todos e tinha muitos amigos. Ele temia o orgulho como uma pedra no caminho, às vezes imaginava esta pedra no seu sapato. Chegou certa vez a colocar uma pedrinha na meia e ficou com o pé dolorido. Mas depois entendeu que deveria estar atento, principalmente às bajulações. E o trabalho de desobsessão ajudou-o bastante. Ele sempre repetia: "Para que orgulho se seu futuro é a morte?" E, conversando com desencarnados, percebeu que eram o orgulho e o egoísmo fonte de muitas dores.

Quando regressou do sítio, pensou muito em Tonica e, na quinta-feira antes dos trabalhos, rogou para que pudesse conversar com ela.

O trabalho começou como sempre: faziam a leitura de um texto do Evangelho, alguém do grupo orava em voz alta pedindo proteção e o intercâmbio mediúnico começava. Para melhor rendimento, sentavam-se, em volta de uma mesa, médiuns e doutrinadores. Assim, muitos médiuns davam, ao mesmo tempo, comunicação, e o doutrinador mais próximo conversava com o desencarnado. Com estudo e disciplina, os trabalhadores da casa desempenhavam bem suas tarefas, aprenderam a se controlar, e toda sessão transcorria com ordem e era sempre muito proveitosa.

Eram muitos os desencarnados iludidos que não aceitavam a morte do físico, seja por medo do desconhecido ou pelo apego a pessoas ou a bens materiais que julgavam ser deles — não haviam entendido que eram somente administradores. Gostar é importante, mas devemos fazê-lo sem posse e compreendendo que podemos nos ausentar por um período e nos separarmos de quem amamos. Alguns tinham medo do castigo, tinham consciência de que haviam cometido atos indevidos.

Ramon aprendeu, estudando para se tornar um doutrinador, que deveria tentar evangelizar aqueles espíritos, mostrando a eles que a morte do corpo físico, a desencarnação, não é castigo, é um fenômeno natural que ocorre com todos os espíritos que reencarnam, que vestem o corpo carnal. Muda-se de plano somente. E, para que entendessem, precisavam ser ouvidos e esclarecidos. Cumprimentava a todos com um "boa-noite" e após indagava: "Como vai?". Escutava as reclamações, que quase sempre eram: "ninguém me vê, me responde ou me dá atenção". Educadamente, levava o desencarnado a entender o porquê. Usava também a comparação, pedia para observar seu corpo e comparar com o do médium ou com o do encarnado que estava perto. Quase sempre o necessitado percebia que mudara de plano. A maioria sentia medo e outros ficavam aliviados por saberem o que lhes acontecia. Todos, raro algumas exceções, acabavam por compreender e aceitavam o socorro oferecido.

Eram também levados para orientação desencarnados que sabiam de seu estado, ou seja, tinham consciência de que viviam na erraticidade e estavam a fim de perturbar ou de se vingar de algum desafeto. Eram os obsessores, que também eram tratados com respeito, mas com firmeza, para compreenderem que agiam errado e que, continuando com seus atos indevidos, somente aumentariam seus sofrimentos. Alguns estavam tão centrados na vingança que careciam de uma orientação mais cuidadosa, necessitando de um trabalho mais intensivo, pois o mesmo desencarnado precisava voltar mais vezes à reunião para mudar a forma de pensar e aceitar um socorro. O resultado era positivo, a maioria acabava por entender.

Também vinham até eles grupos de desencarnados imprudentes que se denominavam "maldosos". Às vezes procuravam diversão confrontando-se com os espíritos bondosos, outras vezes queriam mesmo atacar, acabar com o grupo. Ameaçavam e tentavam chantagear. Com conhecimento, médiuns e doutrinadores sabiam que, quando não se tem argumentos, ameaça-se e se faz chantagem. Não se deve temê-los, mas, sim, orientá-los e evangelizá-los.

O trabalho começou e uma médium ao lado de Ramon cumprimentou:

— *Boa noite! Como vai?*

Por um instante ele pensou que o cumprimento vinha da amiga que comunicava, mas logo percebeu que vinha de um desencarnado, homem, e, depois de respondê-lo, o desencarnado voltou a falar:

— *Fui muito maltratado! Sofri muito! Estou revoltado! Quando vestia o corpo carnal, estive preso por quinze anos numa prisão de horrores. Fiquei doente, não recebi tratamento, nenhuma assistência, meu corpo físico morreu e nem percebi. Continuei preso. Até que uns espíritos, que disseram ser bondosos, visitando a prisão, me tiraram de lá. Porém, percebi que ninguém é bonzinho de fato. Cobra-se para tudo. Para estar bem junto deles, precisava fazer algumas coisas do meu desagrado. Abandonei-os e fiquei vagando. Adoeci e comecei a ter novamente dores. Ao ficar perto de um jovem encarnado, senti alívio, mas o moço veio aqui e me trouxe: ele foi embora e eu fiquei, não consegui voltar com este moço. Estou achando muito interessante conversar e você, que veste o corpo físico, me escutar e responder.*

Ramon esclareceu-o de que ele estava numa reunião mediúnica, num centro espírita e que se comunicava por um intercâmbio. O moço a que se referiu era um frequentador da casa e, quando o jovem foi para a reunião, ele fora junto.

— Por que você não gostou de ficar com os espíritos socorristas que o ajudaram? — perguntou o doutrinador.

— *Gostei de algumas coisas, ser alimentado, não ter dores... mas não gostei por ter muita ordem. Não podia falar palavrões, tinha de ficar limpo, não podia ser indelicado e tinha de respeitar as mulheres do grupo.*

— Para ter ordem é preciso disciplina. No local onde se faz o bem é preciso ter normas.

— *Não gostei! Eles não deram, como nenhum de vocês aqui dá, importância ao que sofri na prisão. Não gostei de morrer e não ser avisado. Fiquei três anos e cinco meses depois de morto na cadeia.*

— Acredita que isso foi injusto? Ficou preso sendo inocente? — perguntou Ramon.

— *Não estou gostando também de você, faz parte das pessoas que não ajudam sem se intrometer! Não sou inocente! E não consigo esquecer meus crimes. Às vezes eles me atormentam. Penso neles. É um absurdo!*

— Nós aqui também oferecemos ajuda, mas, para ficar conosco, tem de seguir as normas da casa. Não é troca: lhe damos isto, e você, aquilo. Nossa maneira de viver é essa, e não podemos ter exceções. Para termos limpeza, todos os que ficam conosco precisam estar limpos. Iremos amenizar suas dores e, para não voltar a tê-las, você precisa se esforçar para agir e pensar diferente. Para ter respeito é necessário respeitar a todos do seu convívio. Você, meu amigo, não está cansado de sofrer? Não quer ser tratado como uma pessoa digna?

— *Sim, quero* — respondeu o desencarnado através da médium. — *Penso que nunca fui tratado com dignidade.*

— Se tratar as pessoas com respeito, receberá de volta este respeito. Fique conosco e, desta vez, faça por merecer para viver com dignidade.

— *Você não quer saber o que eu fiz? Os crimes que pratiquei? Minhas maldades?*

— Só se você quiser desabafar. Por curiosidade, não quero. Penso que você já se julgou demais. Foi condenado pela justiça e por você mesmo. Esqueça os maus momentos, pense somente nos bons, todos nós os temos. Viva o presente de tal forma que tenha agradáveis lembranças no futuro.

— *Você tem razão. Eu me condenei! Começo a perceber que queria, sendo rebelde, causar escândalo, continuar sendo um pária, um condenado. Será que um dia serei absolvido?*

— Sim — afirmou o doutrinador. — Acredito que sim. Poderá ser. Por que não experimenta pedir perdão?

— *Eu peço perdão! Deus me perdoará?*

— Sinta a resposta dentro de você.

— *Sinto-me perdoado!* — o desencarnado chorou.

— Vá, desta vez, em paz para o nosso abrigo e, com esperança e perseverança, tente melhorar. Boa noite!

— *Boa noite e obrigado!*

Ramon sabia, pela experiência, que desencarnados como este recebiam socorro, iam para um abrigo, um posto de socorro, ficavam por dias e saíam para novamente vagar. Às vezes este ir e vir se repetia. Mas chegava um dia em que o cansaço os fazia realmente mudar e aí passavam a gostar de viver junto aos desencarnados bons e se esforçavam para se melhorar. Quando queremos, mudamos. Então, o socorro realmente surtia efeito.

Novamente a médium ao seu lado repetiu o que escutava da desencarnada próxima a ela:

— *Boa noite, moço bonzinho!*

— Boa noite, minha amiga! — respondeu Ramon emocionado.

— *Falei que vinha e aqui estou. Venho sempre aqui.*

— Você é a Tonica? — perguntou ele.

— *Sim. Estou bem e faço o bem. Tento há anos protegê-lo, orientá-lo.*

— Agradeço-a!

— *Queria ter a oportunidade de lhe pedir perdão!*

— Eu que tenho de me desculpar. Não a reconheci e...

— *Por favor, escute-me! Estou lhe pedindo perdão. Perdoa-me?* — pediu a desencarnada através da médium.

— Perdoo-a! Mas por que me pede perdão? Nem sei o que perdoar.

— *Lembra, amigo, que você me pediu para não falar? A pedra.*

Ramon sabia das dificuldades que ocorrem nesse intercâmbio do encarnado repetir com fidelidade o que o desencarnado fala e também do médium dizer o que desconhece totalmente.

— Pedra Estrela? O que tem ela?

— *Nada! O fato é que você me pediu para não falar o que eu via na pedra, e eu falei. Contei a quem não devia e, por isso, aconteceu a coisa ruim a você e a mim.*

— Você foi morta por isso? — perguntou Ramon.

— *É bem mais complicado do que pensava usar desta comunicação. Não consigo me expressar para lhe contar tudo. Mas, não importa, o que passou, passou. Quero somente o seu perdão. Você pediu para eu não falar, e eu falei.*

Ramon pensou e lembrou. Ele pediu para Tonica não falar que via e escutava os espíritos cujos corpos carnais foram encontrados mortos na Pedra Estrela.

— Você contou ao fazendeiro? — perguntou ele.

— *Falei e me dei mal. Mas não importa o que aconteceu comigo. Não deveria ter falado.*

— O que aconteceu comigo foi por causa disso?

— *Foi* — respondeu Tonica. — *Por isso peço perdão.*

— Penso, minha amiga, que tudo tem uma razão de ser. Realmente passou, como tudo passa. Agora entendo que foi uma lição. Se é para tranquilizá-la, perdoo-a. Faço isto de coração e afirmo: quero continuar sendo seu amigo.

— *Moço bonzinho! Obrigada! Adeus!*

Ramon ainda conversou com mais desencarnados. O trabalho chegou ao fim, oraram agradecendo e, como sempre faziam, comentaram sobre algumas comunicações, despediram-se e voltaram aos seus lares.

Quando chegou em casa, Suze e as crianças já estavam dormindo, sentou-se no sofá da sala e, como não estava com sono, ficou pensando na conversa com o espírito da amiga e foi ligando os fatos: "Naquela época, minha companheira de plantar flores dizia conversar com os espíritos Marilda e Júlio, que, por coincidência, devem ser os pais biológicos de Suze. Os dois desencarnados falavam que fora o senhor Legório quem os matara. Não acreditei muito nela naquele tempo. Mas agora faz sentido. Se Tonica disse para aquele malvado que sabia ser ele o assassino, o fazendeiro quis calá-la e a calou matando-a. Por que Tonica quis me pedir perdão? Será que ela disse ao fazendeiro que eu sabia? Tudo leva a crer que sim. Entendo agora que aquele trabalho extra fora estranho. Esse homem, importante na época, tinha muitos empregados, por que me contratar? Afirmou que os cavalos eram de raça, e os vaqueiros disseram que não eram, agora sei que eram cavalos comuns. Caí numa emboscada. Não fui assaltado, quiseram me matar e pensaram tê-lo feito. A mando de quem? Provavelmente do senhor Legório. Deve ter tentado acabar com mais uma testemunha. Por isso o senhor João, empregado dele, foi em casa quando voltei para perguntar se eu lembrava da moradora do sopé do morro, queria saber se representava um perigo para seu patrão. Meu Deus! Como uma maldade puxa a outra! Para esconder um erro, cometeu outros. Tonica me pediu perdão. Não precisava, não teve culpa. De fato, pedi para não falar, mas ela não pensou que, ao dizer quem era o assassino, ele pudesse fazer mais maldades. É o senhor Legório quem necessita de perdão. Ele não me pediu! Mas vou perdoá-lo. Se ele agiu como estou pensando, é mais culpado do que tia Laura pensa, e titia tem razão em afirmar que "aqui se faz, aqui se paga". Este assassino está pagando caro. Muito caro! Que Deus tenha piedade dessa alma. Se ele, de fato, mandou me matar, eu perdoo-o e quero que esta criatura deseje o perdão".

Fez uma pausa, tomou água e continuou pensando para concluir seu raciocínio sobre os acontecimentos do passado: "Agora entendo como as coisas se passaram. Se não tivesse ficado sem memória, teria voltado para o sítio. Com certeza, numa outra tentativa, teria sido assassinado e nem saberia o porquê. Ou teria investigado a morte da moradora do morro. Com toda certeza, teria me envolvido. Como teria sido minha vida se tivesse voltado ao sítio logo após o assalto? Ah, o 'se'! Se isso não tivesse ocorrido comigo, teria voltado, talvez casado com Zenilda e aí: Como seria minha existência? Mais ou menos feliz? Moraria no sítio? Teria arrumado um emprego na cidade próxima? Seríamos felizes Zenilda e eu? Tantas perguntas que não temos como responder! São indagações de como seria nosso presente se pudéssemos modificar o passado, como seria se tivesse agido diferente, feito isso em vez daquilo, estudado mais ou escolhido outra profissão, casado com uma pessoa em vez desta, se tivesse mudado de cidade ou não mudado... Pior é quando nos fazemos estas perguntas com arrependimento: 'Por que não fiz?', 'Por que fui fazer isso?'. Escuto muito os desencarnados se indagarem em sofrimento: 'Por que pratiquei atos indevidos ou imprudentes?', 'Por que não fiz mais caridade, o bem?'. Concluo que o presente é a época mais importante. Se não fiz, posso fazer o bem. Se agi errado, agora vou agir corretamente. De uma coisa tenho certeza:

se não tivesse me dedicado e estudado, me esforçado para cursar uma faculdade, estaria carregando caixas até hoje, talvez também não teria me casado com Suze. E aí, com quem teria me casado? Como saber? Gosto de minha vida, sou grato por ter conhecido o Espiritismo, gosto do meu emprego, do meu presente. Fazia tempo que não me lembrava do passado e não devo nem quero pensar mais nele. Minha amiga de plantar flores está bem e é preferível ter sido assassinada do que ter tirado a própria vida. O importante é que continuamos amigos. O senhor Legório recebe a reação, sofre muito, assim como fez outras pessoas sofrerem. Tomara que aprenda a lição para não repetir mais as maldades que praticou. Não vou mais pensar nisto, vou deitar e dormir, amanhã tenho muito trabalho".

capítulo 12

Ajudando, encontramos soluções

𝒩uma quarta-feira pela manhã, Ramon recebeu um telefonema de um hospital informando que Margarida estava internada e queria vê-lo. Ele telefonou para Suze avisando, e ela afirmou que logo iria para lá.

Ele foi para o hospital e, no caminho, foi pensando na amiga; ela frequentava sua casa, era chamada de "tia" pelos filhos. Almoçava sempre aos domingos com eles e, em quase todas as vezes que ia ao sítio de seus pais, Margarida ia junto. E eles se viam sempre no centro espírita. Gostava muito dela.

Chegando ao hospital, ele foi conversar com o médico que atendera sua amiga, e o cardiologista afirmou que o estado de Margarida era muito grave e que estava esperando ter vaga para transferi-la para a Unidade de Terapia Intensiva (UTI). Informou também que Margarida sofrera um infarto.

Ele foi vê-la e encontrou a amiga muito pálida, tomando medicamentos, ofegante, mas, ao vê-lo, tentou sorrir. Ramon segurou sua mão, e ela falou com dificuldade:

— Meu amigo, penso que estou me despedindo desta existência. Senti meu marido aqui perto de mim e vi dois espíritos luminosos, penso que são trabalhadores amigos do centro espírita que vieram auxiliar-me nesta minha mudança. Por favor, leia para mim um texto de *O Evangelho Segundo o Espiritismo* e, depois, as orações para a desencarnação.

Ramon pegou o livro que estava na mesinha ao lado do leito e concluiu que a amiga o trouxera com ela quando foi levada para o hospital. Ele sabia do pedaço que Margarida mais gostava, era o capítulo dezessete, "Sede perfeitos", os itens três e quatro, "O homem de bem" e "Os bons espíritas".

Ela escutou com atenção e comentou com voz fraca:

— Depois de ler esse texto, encontrei satisfação nos benefícios que distribuí. Pensando nos outros, encontrei consolação.

Ramon entendeu que a amiga, desde que se tornara espírita, havia se dedicado a ensinar inglês a alunos pobres, dava aulas gratuitas no centro espírita e nas duas escolas públicas do bairro, para aqueles que estavam realmente interessados, e também era conselheira deles e amiga de todos os vizinhos.

Depois leu as orações pedidas, contidas no capítulo vinte e oito: "Coletânea de preces espíritas", item dois, "Preces para si mesmo aos amigos guardiões e aos espíritos protetores", e os itens quarenta e quarenta e um, "Na previsão da morte próxima".

Suze chegou, beijou a amiga, e os dois oraram por ela, dando-lhe energias por meio dos passes.

— Meu amigo — pediu Margarida —, queria ser enterrada no túmulo de meu esposo. Fica no cemitério onde estão enterradas as pessoas que foram ricas. Talvez fique caro. Enterre-me lá, por favor, não coloque nenhuma placa. Você será recompensando. A chave de minha casa está na minha bolsa, pegue o vestido preto, aquele que gosto, para eles me vestirem, desejo ser enterrada com ele. Procure o livro verde. Sabe qual é? Lembra? Lá encontrará algo para as despesas. Não avise meus parentes.

Segurando as mãos dos dois amigos, Margarida serenou e, logo após, desencarnou sem ter ido para a UTI. O casal foi à casa dela pegar a roupa e, depois, passou numa funerária. Ramon comprou uma bonita urna, e Suze, muitas flores. Avisaram aos amigos do centro espírita, aos vizinhos dela e aos alunos. Resolveram velar o corpo por somente algumas horas no velório do hospital. Ramon foi ao cemitério que Margarida pediu e, na administração, acertou o sepultamento. Realmente ficou caro, como ela previra.

"Paga-se até para morrer! Que coisa!", pensou ele.

Foram muitas pessoas se despedir de Margarida. Porém, seguiu para o cemitério somente o casal amigo, que ficou até o túmulo ser fechado. Os dois estavam cansados, pensaram em ir para casa descansar, mas Suze lembrou:

— Vamos passar na casa de dona Margarida, ela tinha muitas plantas que necessitam ser molhadas.

Enquanto Suze aguava as plantas, Ramon pegou na estante o livro recomendado e dentro dele encontrou um testamento com firma reconhecida, tudo bem feito, deixando todos os pertences daquele lar para ele. E encontrou a escritura da casa. Ao ler, levou um susto.

— Suze! Venha ver isto! Esta casa está no meu nome! Dona Margarida comprou-a em meu nome! Tinha esta casa e não sabia.

Ramon compreendeu a amiga. A família dela, há tempos, era ele, depois Suze e seus filhos. Ela, quando comprou a casa, o fez em seu nome, talvez porque não queria que ficasse para os sobrinhos, que nem sabia deles e eles, dela.

Dias depois, Suze e eles se desfizeram das plantas, doando-as para amigos. Doaram os livros para duas escolas do bairro, venderam alguns móveis para uma loja de antiguidade, e o restante também doaram, assim como fizeram com as roupas dela. Ramon fez alguns consertos, pintou a casa e depois a alugou. O dinheiro da venda dos objetos, o casal doou para a assistência social do centro espírita. Ramon pagou os impostos da casa, a amiga nunca pagara.

Se os sobrinhos de Margarida ficaram sabendo que ela havia desencarnado, não se manifestaram. O casal amigo sentiu sua ausência física, ficaram tristes, oraram muito para ela e sentiram que a amiga estava bem no plano espiritual.

Ramon estava preocupado com o filho, Marcelo tinha modos muito efeminados. Suze estava sempre ralhando com o garoto: "Não aja assim!", "Menino não faz isso!", "Vá brincar com seus carrinhos, deixe as bonecas de sua irmã!", "Seja homem!".

Isso o aborrecia. Os filhos, Aline, com dez anos, e Marcelo, com oito anos, estudavam num colégio particular perto de onde moravam, e a disciplina era muito rigorosa. Marcelo não gostava da escola, muitas vezes voltava para casa chorando, e Suze ficava brava com ele. Ramon sentia que tinha de fazer alguma coisa, tomar alguma atitude, mas não sabia o que fazer ou como agir.

Foi então que recebeu duas cartas, uma de sua mãe e outra de sua tia Laura. Não era costume nenhuma das duas escreverem: a mãe, agora, preferia telefonar. Tinha um telefone presenteado por ele. Curioso, abriu a carta da mãe. Era quase um bilhete contando algumas novidades, porém entendeu que era mais para informá-lo que Benelau estava doente, uma doença grave e contagiosa, que ela até então não ouvira falar, e que voltara para a casa da mãe.

A carta da tia dava a mesma notícia. Benelau estava enfermo, com Aids, e seu estava era grave, pois também estava com câncer. Pedia ajuda, pois tinha dívidas, e era caro cuidar do filho.

Ramon decidiu ir sozinho no sábado para lá. Saiu de madrugada, chegou cedo ao sítio e tomou café com a mãe. Enquanto saboreava um delicioso bolo, sua genitora contou:

— Benelau ficou doente. Da última vez que veio visitar a mãe, estava muito magro. Laura ficou preocupada. Ele depois escreveu contando de sua enfermidade. Faz três semanas que veio para a casa da mãe. Está mal, fica muito deitado e está muito magro. Laura disse a todos que é câncer, realmente ele está com câncer, mas é por causa dessa doença transmissível por relações sexuais. É castigo! É pecado ser assim! Benelau não quis escutar os bons conselhos e deu nisso. Castigo mesmo!

— Mamãe — perguntou Ramon —, a senhora não acha que Benelau sempre sofreu muito? Acredita que ele foi, ou é, assim porque quer? Desde pequeno, meu primo sofre preconceito. Essa doença não é de homossexual, ela é transmitida de várias maneiras, e a principal forma de contaminação no momento é pela transfusão de sangue. Não critique, mamãe! Ajude! Se fosse eu o doente ou um de seus netos, a senhora estaria falando dessa maneira?

Cida não gostou do que o filho falou e se calou. Ramon disse que ia visitar o primo e saiu. Foi à casa da tia. Laura, ao escutar barulho de carro, saiu à porta e, ao vê-lo, foi encontrá-lo, abraçando-o quando desceu do veículo.

— Alegro-me em vê-lo! Veio visitar Benelau?

— Sim, vim e também ajudá-la. Do que precisa, titia?

— Meu sobrinho — falou Laura tristemente —, Benelau está mal, é grave seu estado. O pobrezinho veio para cá porque não conseguia mais morar sozinho e depois de já ter gastado todas as suas economias. Meu gasto é grande, cuidando dele não tenho tempo para ler minhas cartas e já contraí dívidas. Meus outros dois filhos têm nos trazido comida, mas são pobres, têm filhos, e está muito difícil para eles nos ajudar.

— Vou pagar suas dívidas. E quero que arrume alguém para ajudá-la nos serviços domésticos, assim terá mais tempo para cuidar de seu filho. Mandarei todo mês dinheiro pelo banco. Vou vê-lo!

Entrou na casa, Benelau estava deitado e, ao ver o primo, sorriu e exclamou:

— Que bom revê-lo!

Ramon pegou em sua mão e o beijou no rosto.

— Não tem medo do contágio? — perguntou Benelau.

— Sua doença não pega assim. Como está?

— Tem dia que estou melhor. Hoje estou me sentindo muito fraco. Talvez eu demore a morrer, ou seja, desencarnar.

Ramon viu livros espíritas na mesinha de cabeceira e perguntou:

— Você os está lendo?

— Desde que me mudei daqui, tenho ido a centros espíritas e li muitos livros da doutrina de Allan Kardec. Esses são os meus preferidos. São os romances. Pelas histórias, aprendi que reencarnamos muitas vezes e tudo tem razão de ser. Penso com certeza que eu tinha de passar por esta experiência. Sou um espírito feminino que vestiu um corpo masculino. Por que isto? Não sei. Procurei um amor, um companheiro e não encontrei. Nesta carência, tive envolvimentos e fui contaminado. Mas, quando fiquei sabendo que estava doente, não contaminei ninguém. Talvez se tivesse vivido de outra maneira...

O Caminho de Urze

— Benelau — interrompeu Ramon —, preste atenção no que vou lhe dizer: por favor, não se sinta culpado! Você é uma excelente pessoa. Por acaso obrigou alguém a ficar com você? — Com a negativa de cabeça do enfermo, ele continuou a perguntar: — Estuprou alguém? Brincou com os sentimentos alheios? Então, não se culpe! Fazer maldades é que é errado, seja homossexual ou heterossexual. Por que você não poderia procurar um companheiro? Um amor? Talvez sua lição de vida tenha sido esta, para, na sua próxima reencarnação, dar valor à pessoa amada.

— Quero — afirmou Benelau — que nas minhas reencarnações futuras eu seja alguém definido. Sempre quis ser mulher, mas, na próxima, não me importarei em ser homem. Somente não quero mais ser homossexual!

— Espero, primo, que as pessoas no futuro sejam menos preconceituosas, e os homossexuais não sofram tanto assim.

— Vim trazer problemas para mamãe, mas não tinha outro jeito. — Queixou-se o doente.

— Vou ajudá-los!

— Agradeço-lhe!

— Não precisa, estou retribuindo.

— Como? — perguntou Benelau.

— Lembra, primo, quando eu voltei ao sítio depois de ter recuperado a memória? Estava apático. Pela minha autopiedade, achava-me o maior dos sofredores. Foi você que me fez reagir. Se hoje sou o que sou, você foi o responsável.

— Você sabe, primo, fazer a caridade sem ofender. Obrigado!

— "Obrigado" digo eu!

Emocionaram-se e choraram segurando firme as mãos um do outro. Laura entrou no quarto levando uma bandeja com café. A tia se descontraiu falando sem parar, e os dois acabaram por rir.

— Como eu desejaria ter uma vassoura mágica para voar nas noites de lua cheia! — exclamou Laura.

— A senhora tem cada desejo! — falou Benelau. — E você, primo, tem desejos?

— Não — respondeu Ramon, após ter pensando um pouquinho. — Não tenho desejos.

— Quando estamos contentes com o nosso presente e conosco, dificilmente desejamos algo.

— E você, tem desejos? — perguntou Ramon.

— Já tive muitos, hoje tenho somente um. Queria que, no meu enterro, fosse a banda tocando a marcha fúnebre e eu num caixão branco lustroso e que, no meu túmulo, tivesse uma rosa de bronze grande. Seria muito bonito!

— Que tolice! — exclamou Laura. — Você morto não irá ver nada disso.

— Talvez eu possa ver, mas, se não ver, alguém poderá me mostrar, quando socorrido, como foi meu enterro.

Laura saiu do quarto, e os dois ficaram novamente sozinhos.

— Primo, cuide e proteja seu filho — disse Benelau.

— Você acha que ele é homossexual?

— Quando vi Marcelo há um ano, na festa de aniversário de tia Cida, tive certeza. Penso que ele é. Não se entristeça, você pode ser a diferença na vida dele. Pensava até alguns anos atrás que eu não escolhi ser assim, agora penso diferente: eu escolhi, sofri e aprendi, com certeza absoluta, que nunca serei preconceituoso. Estou sofrendo, tenho dores terríveis, fraqueza insuportável, mas estou firme. Sabe por quê? Acredito na continuação da vida. Com certeza resgato meus erros do passado, porém o mais importante para mim é a lição que aprendi.

— Cuidarei do meu filho! — exclamou Ramon. — E novamente lhe agradeço. Pela segunda vez você me mostra o caminho que devo seguir. Vou indo, tenho algumas coisas para fazer e quero ir embora hoje ainda. Tchau!

Abraçaram-se, Ramon saiu do quarto. Com um sinal, pediu à tia para acompanhá-lo.

— Titia, vou lhe deixar este dinheiro. Como já falei, mandarei todo mês, pelo banco, esta quantia. Não quero que nada falte ao meu primo. Onde a senhora deve? Vou pagar suas contas.

Laura enxugou as lágrimas, agradeceu e falou onde tinha dívidas.

— Titia, também vou ao cemitério, vou mandar reformar o túmulo do titio e encomendar uma rosa de bronze para colocar em cima. Também vou encomendar e já deixar pagas a banda e a urna funerária. Realizarei o desejo de Benelau. Fale a ele somente amanhã, hoje meu primo já se emocionou demais.

Abraçou a tia e foi pagar suas dívidas: foi ao açougue, ao mercado, à farmácia e depois ao cemitério. Aproveitou para orar pelos seus parentes. Procurou pelo túmulo de

Tonica, mas, como não encontrou, pediu informações e então ficou sabendo que a amiga havia sido enterrada numa cova que não existia mais.

"Não tem importância. Graças a Deus, ela nem ficou aqui!", pensou ele.

No cemitério mesmo, contratou uma pessoa para reformar o túmulo do tio, pai de Benelau, e onde o primo queria ser enterrado. Aproveitou para fazer o mesmo com o dos avós e de seu pai.

Depois foi à funerária e deixou paga uma urna branca com brilho e lá encomendou uma rosa grande de bronze. Procurou pelo maestro da banda que tocava na praça aos domingos e, depois de conversar, contratou-o para ir com seus músicos ao enterro do primo. Deixou tudo acertado e pago.

Voltou ao sítio, almoçou com a mãe.

— Você ajudou sua tia? — perguntou Cida.

— Ajudei e vou ajudá-los. Sempre gostei de Benelau e espero que ele sare, mas, se não sarar, que pelo menos tenha conforto na sua enfermidade.

— Gastou muito? Dispôs de muito dinheiro? — a mãe quis saber.

— Não foi pouco.

— Devemos gastar nosso dinheiro com a família mais próxima.

— A senhora está precisando de algo?

— Não, mas seus irmãos ganham pouco — respondeu Cida.

— Mamãe, eu não recebi herança do papai, deixei-a para meus irmãos, paguei o advogado e fiz o inventário, dou sempre bons presentes aos meus irmãos e sobrinhos, mando sua mesada e, pelos meus cálculos, a senhora não deve gastá-la aqui em casa. Acredito que os ajudo. Por favor, não me critique. Vou ajudar tia Laura!

Cida não respondeu e, assim que almoçou, Ramon despediu-se e voltou para casa. No caminho, pensou muito, ficou chateado com o egoísmo da mãe e aborrecido com o seu preconceito.

"Será", pensou ele, "que mamãe aceitará Marcelo? Tratará meu filho com o mesmo preconceito com que se refere a Benelau?". Mas concluiu: "Minha mãe tratará Marcelo mal se eu permitir. Se ficar do lado dele, quero ver se alguém da minha família ou da Suze irá maltratá-lo. Só se eu permitir! E eu não irei, mas não irei mesmo permitir. Meu primo tem razão, já está passando da hora de cuidar e proteger meu filho. E é o que vou fazer!".

— *Moço bonzinho!*

— Obrigado, amiga! — exclamou Ramon.

Aliviado e determinado a ajudar o filho, voltou para seu lar.

capítulo 13

Anos tranquilos

Ramon chegou em casa cansado, todos estavam dormindo, mas tentou acordar a esposa para conversar sobre a decisão que tomara, antes de fazê-lo com os filhos. Suze resmungou e pediu para não ser incomodada. Chateado, concluiu: "Suze não gosta de conversar sobre problemas. Foram muitas vezes que tentei falar de Marcelo com ela, minha mulher não aceita minha opinião. Infelizmente, terei de ser radical. Não gostaria de agir assim, mas não vejo outro jeito".

Demorou para dormir. Domingo pela manhã, Suze acordava os filhos cedo para irem à missa. Ele levantou-se com eles para o desjejum e, após os cumprimentos, disse a Aline e Marcelo:

— Se vocês não quiserem, não precisam ir à missa. Ninguém mais nesta casa vai obrigado a lugar algum.

— Eu vou, gosto de encontrar com minhas amigas — falou Aline.

— Você vai à igreja para conversar — disse Marcelo.
— Posso mesmo, papai, ficar sem ir?

— Pode! — respondeu Ramon. — Você, meu filho, não gosta de ir à missa?

— Parece que as pessoas ficam me olhando — respondeu Marcelo. — E não gosto de ir para conversar. Mas amanhã terei de justificar para a irmã Tereza o porquê de não ter ido.

— As coisas aqui nesta casa irão mudar! É um absurdo ter de justificar a alguém se você vai ou não a algum lugar! — exclamou o dono da casa.

Aline levantou-se e foi dar a notícia à mãe, que estava na cozinha. Suze veio em seguida à sala de jantar e perguntou indignada:

— Meu querido, você disse às crianças que elas não precisam ir à missa?

— Sim, disse. Suze, precisamos conversar.

— Podemos fazer isso agora e aqui! — exclamou ela.

— Se prefere assim. — Ramon suspirou e perguntou ao filho: — Marcelo, você não gosta de sua escola?

— Não gosto! — respondeu o garoto.

— Por quê? — o pai quis saber.

— Os meninos criticam Marcelo por ele ser molenga — foi Aline quem respondeu.

— E por que você, minha filha, sendo a mais velha, não o defende? — indagou o pai.

— Para eles brigarem comigo também? Marcelo é muito chorão. Os garotos o chamam de "mulherzinha", "bebê chorão" e até de um nome que não posso falar por ser feio. E as meninas riem dele. Até o vovô e a vovó brigam com ele.

O pai das crianças se esforçou para não se alterar, e Marcelo se segurou para não chorar. Ele abraçou o filho.

— Papai vai protegê-lo! — exclamou comovido.

— Ramon! — Suze falou alto. — Não é assim que se educa o menino!

— Suze, por favor, não se intrometa. Do meu filho cuido eu! Marcelo, você quer mudar de escola?

O garoto se acalmou, aconchegou-se mais no colo do pai, e respondeu:

— Quero!

— Amanhã vocês não irão ao colégio, vou mudá-los de escola.

— Eu também? — perguntou Aline.

— Vocês dois!

— Eu não quero — reclamou Aline.

— Mas vai! — determinou o pai.

— Para onde você irá transferi-los? — indagou Suze.

Ramon falou. A escola escolhida era moderna, com métodos revolucionários, estudavam nela os filhos do vice-presidente da empresa em que trabalhava, e pais e filhos gostavam muito do colégio.

— De jeito nenhum! — exclamou Suze. — Aquela escola de alunos com pais separados! Não irão mesmo!

— Suze! — pediu Ramon. — Quero conversar com você no quarto. — Virou para os filhos e disse: — Se você, Aline, quer ir à missa, vá, e você, Marcelo, pode ficar e brincar do que quiser e como quiser. Papai o ama, vai protegê-lo!

— Gosto mais de ir ao centro espírita — comentou Marcelo. — A missa é chata e demorada!

Suze ia responder, mas o marido pegou-a pelo braço e foram para o quarto. Ele explicou:

— Suze, nosso filho talvez seja diferente. O que eu quero é que Marcelo seja feliz e não vou permitir que ninguém o critique, faça-o sofrer. Nosso filho está sofrendo preconceito na escola, então vou mudá-lo para outra que penso ser melhor.

— Querido, nesse colégio que citou estudam muitos filhos de artistas, de pais separados.

— Penso que por isso não exista tanto preconceito. Deixei-a, e me arrependo, com a educação das crianças. Arrependo-me porque percebo agora que Marcelo está sofrendo. Ele pode ser o que for, eu o amo e vou fazer de tudo para ele ser feliz. Esse colégio que você escolheu é retrógrado, preconceituoso e exige que os alunos frequentem a missa. Não quero mais isso!

— Você decidiu e pronto! Seja feita a sua vontade! — Suze se exaltou.

— Pois assim será! — determinou ele.

— Você não entende que não corrigindo o menino ele ficará pior?

— Corrigir é uma coisa, maltratá-lo é outra!

— Marcelo puxou a você, à sua família! Você quer que nosso filho fique como seu primo? — perguntou Suze.

Ramon se exaltou. Segurou Suze pelos braços.

— Suze, preste atenção! Somos heranças de nós mesmos. Se Marcelo puxou a mim, só tenho de me orgulhar.

Se for parecido com Benelau, será uma pessoa honesta, bondosa e não será preconceituoso como você. E como ousa falar assim? O que sabe sobre você?

Ramon se controlou. Não queria falar da família dela. Suspirou e continuou a falar:

— Vou ficar ao lado do meu filho! Mesmo que para isso precise ficar contra todos. Entendeu? Você escolhe! Ou fica conosco ou contra!

Suze fez biquinho, lágrimas escorreram por seu rosto.

— Você nunca falou assim comigo — queixou-se ela.

— Pois se ficar contra nós é assim que será tratada! Marcelo é o que é, não vou incentivá-lo a ser homossexual ou heterossexual. Vou ajudá-lo a ser feliz! Quanto a ele ter puxado à minha família, por que se casou comigo? Você conheceu, antes do nosso casamento, Benelau. E outra coisa: não fale mal do meu primo! Agora eu que vou cuidar das crianças. Os dois irão para o colégio que escolhi. Não quero que Aline se eduque no preconceito. Vou contratar um motorista para levá-los à escola. E irão à missa se quiserem, como também ao centro espírita. E, tem outra coisa, não quero sua família se intrometendo na minha. Eu vou, desta vez, dizer isto a seus pais: que não quero intromissão na educação de meus filhos. Ai de quem criticar, chamar atenção de Marcelo. Se você aceitar minhas ordens, tudo bem; se não quiser, vamos nos separar, e as crianças ficarão comigo.

Ramon estava nervoso, não queria ter falado daquele jeito nem se separar da esposa. Quando ainda não educamos nossos sentimentos, exaltamo-nos e falamos coisas que não sentimos, que não queremos.

Suze chorava assustada. Nunca o marido a tratara assim. Ele saiu do quarto e foi conversar com Marcelo.

— Filhinho, sente-se aqui no meu colo. Papai agora irá cuidar de você. Ninguém chamará mais a sua atenção. Nessa escola, seus colegas não xingarão você.

Marcelo abraçou o pai, depois o olhou e sorriu. Ramon se emocionou e prometeu:

— Papai promete fazê-lo feliz!

Aline foi para a missa, e Marcelo foi brincar. Suze continuou chorando no quarto. Ramon foi à casa dos sogros. Encontrou-os na cozinha preparando o almoço. Quase todos os domingos, a família, eles e os irmãos de Suze, reuniam-se lá para almoçarem.

Após os cumprimentos, Ramon explicou a presença dele antes do horário.

— Pedro, Neuzely, vim aqui agora para falar sobre algo muito importante para mim. Quis encontrá-los sozinhos. É sobre Marcelo. Por favor, escutem-me. Não quero mais que vocês dois, os tios, os primos, critiquem Marcelo. Não quero! Aliás, eu exijo que não chamem atenção do meu filho! Estou falando sério! Se eu escutar alguém falar algo desagradável a ele, vou partir para a ignorância e esbofetear quem falou. Por isso os estou avisando. Não vou permitir que ninguém se dirija ao meu filho com preconceito. Se não tratarem-no com respeito, nem eu nem Marcelo entraremos mais nesta casa, e vocês não entrarão na minha. Digam, por favor, ao restante da família o que eu estou determinando. Se alguém não aceitar o que estou falando, avisem-me para eu nem mais cumprimentar. Hoje não iremos almoçar aqui.

— Mas e a educação do menino? — perguntou Neuzely.

— Será bem melhor, com certeza. Ninguém é feliz com preconceito. Vim avisá-los e, novamente, digo: não quero interferência. Não quero!

Saiu da casa dos sogros sem se despedir e, quando chegou em casa, Suze estava ao telefone, conversava com a mãe.

— Suze, precisamos conversar.

Sentou-se perto dela, que continuava chorando. Ramon tentou se acalmar, pediu proteção a Jesus, aos bons espíritos e falou, esforçando-se para amenizar a situação:

— Sua mãe deve ter lhe contado que fui lá e o que falei. Estou determinado a seguir a risca o que decidi. Não sei se Marcelo é homossexual. Antes de tudo, ele é meu filho. Quero-o feliz! E estou determinado a ajudá-lo. É isto que vou fazer. Vou mudá-los de colégio, e Aline irá também, não quero minha filha educada numa escola preconceituosa. Não vou incentivar Marcelo a ser nada do que ele não é. E o que eu disse está dito! Deixe-o à vontade para escolher de que lado ficar. Você quer que Marcelo seja infeliz?

— Quero-o feliz, mas homem! — respondeu Suze.

— E pensa que também não quero? Mas ele é o que é! Entenda! Você está fazendo nosso filho infeliz! Como pode permitir que as pessoas, sua família, o critiquem? Você quer que na escola onde ele estuda as crianças riam dele? Por favor, entenda!

Aline chegou da missa, e ele falou:

— Hoje vamos almoçar num restaurante.

Suze foi novamente para o quarto, Aline foi atrás e, minutos depois, voltou à sala falando que a mãe não iria almoçar com eles.

— Mamãe está com dor de cabeça — inventou Ramon. — Ela não vai, mas nós iremos.

— Gosto de almoçar em restaurantes! — exclamou Aline. — Papai, Joana, uma amiga, contou que nesse colégio onde irei estudar, pode passar esmalte e o uniforme é lindo! Joana vai pedir para o pai transferi-la também.

— Você irá gostar dessa escola. Aline, quero lhe pedir para cuidar de seu irmão. Não deixe que o critiquem e, se escutar alguém fazendo isso, conte-me. Está bem?

Ele foi com os filhos almoçar. Não conversou mais com Suze, compreendia a esposa por estar magoada, ele sempre fazia o que ela queria. Mas agora era diferente, resolveu não conversar por um tempo com ela.

No outro dia, os filhos não foram à escola, e ele, logo cedo, foi ao outro colégio para matriculá-los. Conversou com a diretora.

— Meu filho sofre preconceito na outra escola por ser mais sensível. Com oito anos, não posso dizer o que acontece com ele. Não quero que ele sofra mais por preconceito!

— Nossa educação — esclareceu a diretora — se prima por não sermos todos iguais. O senhor ficará contente com nosso ensino e nossa maneira de agir.

Matriculados, Ramon foi ao colégio onde os filhos estudavam e pegou as transferências sem explicar o porquê. Contratou um motorista, um senhor conhecido, para dirigir seu carro e levar os filhos ao colégio, que era mais distante do que o outro, a meia hora de carro de onde residiam.

No outro dia, os dois foram para a outra escola. Nesta, havia muitas outras atividades. Cursos de idiomas, danças, esportes... e ele deixou-os à vontade para escolher o que queriam fazer. Suze e ele continuaram sem conversar.

Aline gostou da escola e falava sem parar, elogiando-a.

— O uniforme é lindo! A aula de balé foi sensacional! Vou aprender a nadar e andar de patins.

— E você, meu filho, está gostando? — perguntou Ramon.

— Estou, muito!

— Ele está gostando, papai. Fez três amigos. Vai aprender a lutar boxe e a jogar xadrez.

Com muitas atividades, os dois passaram a ficar muito tempo no colégio. E Chico, um motorista aposentado da indústria e que Ramon conhecia havia muito tempo, levava e buscava as crianças na escola.

— Chico — pediu Ramon —, quero que cuide de meus garotos. Se alguém xingar Marcelo, parta para a briga e me avise.

No domingo seguinte, somente Aline quis ir à missa. Sentados para o desjejum, Marcelo falou:

— Papai, obrigado pela escola nova! Estou feliz!

— Hoje iremos almoçar naquele restaurante que tem um parque. Quer ir, Suze?

— Venha, mamãe, por favor — pediu Marcelo.

— Você não irá mais à casa de meus pais? — perguntou Suze.

— Se eles agirem como pedi, irei, mas não tanto quanto antes. Hoje quero ir nesse restaurante.

As crianças insistiram e Suze foi. Esperando o almoço, os dois ficaram sozinhos na mesa, pois os filhos foram brincar.

— Suze, não quis ser grosseiro com você.

— Você decidiu e agiu sozinho! — queixou-se ela.

— Já a tinha alertado. Você sabia que não gostava daquele colégio. Marcelo estava sofrendo. Foram muitas as vezes em que tentei conversar com você, e não me atendeu, por isso agi sozinho e não me arrependo. Não sei se estou acertando na educação dele, porém, quero-o livre de preconceito e vou fazer de tudo para ele ser feliz.

— Estou magoada com você!

— Se alivia, peço desculpas. Reconheço que poderia ter tentado novamente conversar com você. Mas não me arrependo da decisão que tomei.

Dois meses se passaram. Ramon recebia sempre notícias do primo através de sua tia Laura. Benelau piorava. Ela lhe escreveu contando que seu primeiro marido, do qual não se separara no papel, havia falecido e lhe deixado uma pensão. Laura completava a missiva escrevendo a quantia que recebia por mês. Não era muito. E pedia para ele continuar ajudando-a somente com o restante.

Ramon não diminuiu a quantia enviada a ela. Escreveu ao primo contando a atitude que tomou em relação ao filho.

Marcelo mudou. Não chorava mais, agora não tinha motivos, e, com a proteção do pai, passou a exigir o que queria, a ter opinião. Não era mais medroso, enfrentava as pessoas e, por qualquer motivo, dizia: "Vou contar para meu pai!". Suas notas melhoraram, aprendeu a lutar boxe com facilidade e, meses depois, lutava muito bem.

Ninguém ousou mais criticá-lo e aprovaram a mudança do menino. Suze e ele não discutiram mais.

— Meu esposo — disse Suze —, Marcelo necessitava mesmo de mudar de escola. Luta boxe! Parece outro menino! Penso que éramos nós que o deixávamos inseguro. Ele é somente mais sensível!

Ramon não pensava assim, mas nada disse. Sentia que Marcelo era homossexual. Porém, o importante era que o garoto estava alegre. E, então, com carinho, cortou os excessos do filho. Não teve problema, Marcelo amava-o demais, era obediente e educado.

Ramon visitou o primo, impressionou-se, ele estava magérrimo e muito fraco. Três meses depois, Benelau desencarnou, e seu enterro foi como desejou. E ele não precisou mais ajudar a tia.

Ele não teve mais problemas com as famílias. A sua estava, como sempre, necessitando de ajuda financeira e, da de Suze, afastaram-se um pouco, e ninguém ousou falar mais nada de Marcelo.

Procurando entender mais sobre o assunto, Ramon leu livros sobre o tema e procurou, dentro da literatura espírita, algo que o ajudasse a auxiliar o filho. No livro *Vida e sexo*, escrito pelo espírito de Emmanuel, psicografia de Francisco Candido Xavier, editado pela Federação

Espírita Brasileira, encontrou esta explicação no capítulo vinte e um: "A homossexualidade, também hoje chamada transexualidade, em alguns círculos de ciência, definindo-se, no conjunto de suas características, por tendências da criatura para a comunhão afetiva com uma outra criatura do mesmo sexo, não encontra explicação fundamental nos estudos psicológicos que tratam do assunto em bases materialistas, mas é completamente compreensível, à luz da reencarnação".

Os filhos cresciam, saudáveis e bonitos. Aline, às vezes, ia à missa, outras, ao centro espírita, mas Marcelo ia somente ao centro espírita. Ele lutava muito bem boxe, aprendeu também judô e ganhou medalhas em competições. Nadava bem, era estudioso e desenhava muito bem. Aline também era estudiosa, às vezes era rebelde, mas nada preocupante.

— Você é o tranquilizador desta casa! — Suze repetia sempre.

"De fato", pensava Ramon, "estamos passando por anos tranquilos! Estamos serenos, em paz, sem problemas maiores. Que bom seria ter sempre numa casa alguém sereno, sem agitação, para acalmar os outros e para tranquilizar o lar. Quase sempre é a mulher a base desta tranquilidade. Talvez, na minha casa, seja eu, e isto devo à Doutrina Espírita!"

Os dois estudaram nesse colégio até o término do ensino médio. Aline passou numa excelente universidade. Ela era alegre, muito bonita e namoradeira. Quando começou a frequentar a universidade, passou a namorar firme um bom rapaz.

Marcelo não se interessava pelas garotas nem pelos meninos, era um garotão dedicado aos esportes e aos estudos. Mas tinha cada vez mais inclinações homossexuais, que eram notadas pelo pai, pois este estava sempre atento a ele. Suze se iludia, achava o filho jovem demais para namorar e se alegrava com suas vitórias nos esportes.

O presidente da empresa conversou com Ramon e deixou que ele escolhesse se queria ser vice-presidente ou diretor-geral. Ele se esforçou muito para não ficar orgulhoso e escolheu ser diretor-geral, pois com esse cargo, na sua opinião, trabalharia mais, e Ramon gostava muito de trabalhar.

Marcelo também terminou os estudos no colégio e passou numa universidade, foi fazer um curso administrativo e um curso de desenho. Quis morar sozinho. O pai comprou para ele um apartamento num bairro longe deles, mas perto da universidade em que estudava e o mobiliou. Pensava que o filho viveria melhor sem eles por perto.

Aline, ao terminar o curso, marcou o casamento. Ramon deu para os noivos uma casa perto da deles para morarem. O casamento da filha foi lindo, teve uma grande festa. Todos estavam muito felizes.

Marcelo terminou seu curso e foi, por dois anos, estagiar em desenho fora do país, pois tinha escolhido como profissão ser estilista.

Aline teve dois filhos, um casal, crianças lindas e sadias. Marcelo seguiu a carreira de estilista com sucesso, era talentoso. Ramon sabia que ele tinha um namorado, foi conhecê-lo e, ao saber que era boa pessoa, tranquilizou-se. Os dois estavam felizes. Suze desconfiava e talvez tenha preferido ficar em dúvida: não perguntava, e ninguém lhe dizia. Marcelo, em respeito à mãe, não levava o namorado quando visitava os pais e não comentava nada sobre ele. No trabalho, o filho de Suze se vestia como sua profissão exigia, mas, para visitá-los, colocava outra roupa, as que a mãe gostava. Marcelo continuava como sempre: educado, atencioso e praticando esportes.

Ramon estava firme frequentando o centro espírita, agora dava palestras, cursos, e tinha um carinho especial pelos trabalhos de orientação a desencarnados. Entendia que, quando orientamos o próximo, reforçamos em nós os bons sentimentos, consolidamos o que aprendemos e também encontramos soluções para nossas dúvidas e problemas. Marcelo se dizia espírita, ia sempre às reuniões e palestras, recebia passes e lia bastante. Aline ia de vez em quando e também, às vezes, à missa.

Tudo passa! Períodos difíceis passam, e os alegres e tranquilos, infelizmente também. Estas duas fases da vida acontecem, as boas e as nem tanto, para, nas melhores, nos fortalecermos e para termos forças para superarmos as difíceis. E os anos tranquilos para o casal, para a família, passaram.

Suze, numa consulta de rotina ao ginecologista, após vários exames, foi diagnosticada com câncer no útero. Ela ficou apavorada, e o marido tudo fez para acalmá-la. Submeteu-se a uma cirurgia e, depois, a todos os tratamentos de que a medicina dispunha naquele momento para combater a doença. Tratamentos dolorosos.

Ramon se desdobrava em atenção e carinho, ficava com a esposa todo o tempo disponível, e também lhe faziam companhia seus pais e os filhos. Suze piorou, e ele contratou três jovens enfermeiras para ajudá-lo a cuidar dela. Queria que a mulher tivesse companhia o tempo todo. Mesmo internada, as enfermeiras acompanhavam-na. Em seguida, mais duas cirurgias que, infelizmente, não deram resultados. Suze foi piorando. E foi nestes momentos que Ramon e a família receberam a consolação da Doutrina Espírita e Suze se interessou mais pelo Espiritismo. Fazia muitas perguntas ao marido e pedia para as enfermeiras lerem para ela *O Evangelho Segundo o Espiritismo* de Allan Kardec e outros livros, a maioria romances, eram seus preferidos.

Suze estava internada no hospital quando Cida, a mãe de Ramon, desencarnou de repente. Ele deixou Pedro e Neuzely com a esposa e foi com os filhos ao velório e enterro da mãe. Ele sentiu a desencarnação da mãe, mas estava preocupado com a esposa.

"Como é triste", pensou Ramon, "ver quem amamos sofrer, sentir dores e não poder sofrer no lugar dela. Meu consolo é que estou junto e posso suavizar a situação com carinho, atenção e até mesmo com conforto, isto porque tenho dinheiro."

— Você — disse Rita, a irmã, a ele — não irá mais mandar dinheiro, já que mamãe morreu.

— Vou pagar toda a despesa do enterro e deixarei tudo certo. Não vou mandar mais mesada, não vejo motivo. Sei que mamãe ajudava-os. Mas estou tendo muitos gastos com Suze.

— Entendo-o e espero que minha cunhada sare! — desejou Rita.

Após o enterro, ele e os filhos voltaram para casa. Foi Marcelo quem dirigiu, Ramon estava muito cansado, triste com tantas dificuldades. Voltaram calados. Preferiu ir para a casa e tentar dormir, mas não conseguiu, pensou muito nos pais, na mãe e na esposa. No outro dia, levantou-se muito cedo para ir ao hospital ver a esposa. Contou a ela tudo, motivou-a, como sempre, e depois foi trabalhar.

Suze sofreu muito, a doença se prolongou por dois anos e oito meses e, como períodos difíceis demoram a passar, parecia ter sido uns cinco anos. Seus fluidos vitais foram se extinguindo até que, numa tarde, internada no hospital, Suze desencarnou.

A desencarnação, numa família espírita, difere-se pela aceitação e certeza de que a vida continua no plano espiritual. O sofrimento da ausência física não é fácil, mas o entendimento de que o amor continua firme e forte dá acalento. E o amor não depende nem do tempo nem do espaço. Ama-se!

Foram realmente anos de sofrimento. Ramon sentiu muito a ausência física da esposa e se concentrou no trabalho.

capítulo 14

Caminhos que se encontram

Dias depois de Suze ter desencarnado, Ramon tomou algumas providências: doou tudo o que serviu à esposa na sua doença, como a cama hospitalar, o colchão, os remédios etc. Dispensou as três enfermeiras e uma empregada. Ficou somente com a empregada que havia anos estava com eles e com uma faxineira, pelo fato de a casa ser muito grande. Pediu para Aline e Marcelo pegarem o que queriam da mãe, suas joias e objetos dos quais ela gostava. Deu somente as roupas mais velhas e as que ela usara quando doente e guardou o restante com a intenção de se desfazer depois.

Trinta dias depois da desencarnação de Suze, Ramon, ao chegar em casa, encontrou-se com uma moça que fora enfermeira da esposa na sala esperando-o: "Será que ela esqueceu algo aqui? Veio me dizer alguma coisa que conversou com Suze?", pensou.

Depois de cumprimentos e perguntas sobre como estava etc., ele indagou-a sobre o porquê da visita.

— Vim oferecer minha ajuda — respondeu a moça.

— Posso cuidar de você!

Ele estranhou não ser chamado de "senhor". "Cuidar de mim? Será que ela pensa que estou doente?", pensou e respondeu:

— Estou bem de saúde. Agradeço sua atenção. Mas não preciso de enfermeira.

— Sei que você está bem de saúde. É cuidar de outro modo, dando atenção e carinho.

Ramon se assustou. Uma coisa de que não gostava era de pessoas oferecidas. Após o impacto, respondeu calmamente:

— Agradeço-lhe novamente e não aceito. Não preciso de nada, nem de companhia. Agora tenho um compromisso. Desculpe-me, mas tenho de lhe pedir para ir embora.

— Posso voltar outra noite? — perguntou a moça.

— Não! Desculpe-me, mas não estou interessado. Boa noite!

Acompanhou-a até a porta, ao portão e os trancou. "Absurdo! Como ela entrou em casa? Uma jovem interessada em mim? Em mim, penso que não, mas no que eu tenho, com certeza."

No outro dia, ao perguntar para a empregada, ficou sabendo que ela não havia aberto a porta para ninguém.

— Senhor — concluiu sua empregada e amiga de muitos anos —, com a doença de dona Suze, muitas pessoas ficaram com a chave da casa, talvez esta moça não tenha devolvido a dela ou tenha feito uma cópia.

Ramon telefonou para um chaveiro e, pela manhã, trocou todas as chaves da casa. Deu uma para Aline, com o pedido de que ela não desse ou emprestasse para ninguém, e outra para a empregada, com o mesmo pedido. Como Marcelo disse que não queria uma cópia porque somente iria à casa se o pai estivesse, não deu para mais ninguém, avisando a Pedro e Neuzely que trocara as chaves e explicando o porquê.

"Pelo menos", pensou ele, "não terei surpresas como entrar em casa e ter alguém me esperando. Não estou interessado em ninguém. Minha perda foi grande e não quero envolvimentos amorosos no momento."

Naquela tarde, ao pegar as correspondências, havia três cartas para Suze e, ao ver que uma era de um orfanato e duas de asilos, ele abriu. Foi então que soube que a esposa contribuía para entidades filantrópicas com mensalidades. Dinheiro de seu ordenado, porque Suze, até ficar doente, lecionava e depois se afastou, mantendo o salário.

"Ela ajudava e eu não sabia. Que esposa maravilhosa eu tive! Não quero nem pensar em ninguém no momento, mas, se um dia pensar, tem de ser uma pessoa melhor ou parecida."

Pegou os boletos e, no outro dia, pagou-os. Em seguida, escreveu às entidades informando que Suze falecera e que iria parar com as contribuições. Ramon ganhava bem, porém fizera algumas dívidas com a doença da esposa, queria primeiro pagá-las. Depois resolveu contribuir somente com a assistência social do centro espírita que frequentava.

O apartamento em que morara quando solteiro foi desocupado, e ele resolveu se mudar para lá. Reformou-o. Reuniu os filhos e contou para eles.

— Esta casa é muito grande. Estou me sentindo muito solitário. Vou me mudar para o apartamento, levar poucas coisas e comprar outras menores. Quero que vocês dois fiquem com o que quiserem. Aline, por que não se muda para cá? Sua casa é pequena, aqui tem espaço para as crianças.

Marcelo quis somente dois quadros, alguns vasos e uma cômoda antiga, Aline ficou com mais objetos e móveis. Ramon deu outras coisas para os cunhados, e foram somente algumas coisas que venderam. Ele se mudou e sua empregada foi junto. Aline, depois de algumas reformas e mais investimento em segurança, mudou-se para lá. Ele não viu mais a jovem enfermeira: ela telefonou, e ele teve de ser grosseiro com ela. Muitas mulheres tentaram namorá-lo ou se envolver com ele, duas no centro espírita e muitas no trabalho, mas ele não se interessou. Saía muito com o filho e seu namorado ou com Aline e os netos. Passou a viajar pela empresa, e o tempo foi passando.

Orava muito para Suze, desejava que estivesse bem e foram várias as vezes em que Tonica lhe deu notícias dela. Sua esposa foi socorrida assim que desencarnou e estava bem, adaptou-se logo no plano espiritual. Isto os tranquilizava.

Foi um alívio quando pagou as dívidas. Na enfermidade da esposa, ele vendeu a casa que herdara de dona Margarida e um pequeno apartamento.

Um ano e meio se passou desde que ficara viúvo. Numa noite de quarta-feira, recebeu um telefonema de sua tia Laura que, após cumprimentos, deu a notícia:

— Meu sobrinho, Zenilda ficou viúva. Hércio desencarnou num acidente no domingo à noite. Ele foi levar o filho na cidade em que o garoto estuda e, na volta, estando sozinho, numa ultrapassagem perigosa, dizem que estava errado, capotou várias vezes e desencarnou.

Ramon não deu importância à notícia, fazia muitos anos que nem pensava na antiga namorada. Depois de terem trocado notícias, despediram-se.

"Coitada da Zenilda", pensou ele depois. "Tomara que ela esteja bem, que se conforme e que Hércio possa ser socorrido."

E pensou um pouco mais em Zenilda: "Como será que ela está? Continua bonita?".

Concluiu que Zenilda não fora muito bonita e, comparando-a com Suze, ficaria feia, sem dúvida. Com toda certeza, aparentaria a idade que tinha. Se ele estava com cinquenta e oito anos, ela teria cinquenta e seis anos.

Por mais que tentasse não pensar, nos dias seguintes, recordou-se da antiga namorada. Depois, voltou a esquecer.

Seu sobrinho mais novo, filho temporão de Rita, ia se casar, e todos de sua família, quando se casavam, chamavam-no para padrinho: ele ia com Suze e dava bons presentes. Foi convidado novamente, e seu par seria sua tia Laura.

Seis meses haviam se passado desde que Laura lhe contara da desencarnação de Hércio. Ramon foi no sábado para o enlace, ficou num hotel e, no horário, foi para a igreja. Encontrou-se com a tia e, enquanto esperava pelos noivos, Laura lhe contou as novidades: "Fulano desencarnou", "Cicrano teve uma filha", "um primo se separou da mulher", e:

— Zenilda está morando aqui na cidade. Não sei se você sabe, mas a mãe dela, Adélia, desencarnou há dois anos, ficou muito doente e partiu para o Além. O senhor José ficou morando sozinho, está velho e adoentado. Zenilda tem um apartamento na outra cidade, aonde vai de vez em quando, e tem ficado aqui com o pai. Na casa do senhor José, tem ao lado outra moradia pequena, é lá que ela mora. E sua namoradinha de juventude está aqui neste fim de semana.

— Como ela está, titia?

— Não mudou muito — respondeu Laura. — Ainda bem que não ficou gorda como a mãe. Está bem. Zenilda tem três filhos: as duas moças são casadas, e ela tem três netos; o moço, o caçula, estuda. Ele é bem mais novo que as irmãs. Se você quiser vê-la, Zenilda vai todos os domingos à missa das nove horas. E, como num ritual, todas as tardes, às quatro horas, ela e o pai vão ao cemitério.

A cerimônia começou, e o casamento foi lindo. Ramon sempre gostou de casamentos, achava a cerimônia muito bonita, gostava de ver os noivos felizes, cheios de sonhos, esperançosos e com o amor presente. Depois teve a festa, onde pôde rever os familiares.

Foi tarde da noite para o hotel, porém levantou-se cedo para ir à missa, queria ver Zenilda. "É por curiosidade", pensou ele. "Quero revê-la para saber como ela está."

Sentou-se num banco no meio da igreja, atrás de um pilar. Logo viu Zenilda e a observou. Sua tia Laura tinha razão: ela não mudara muito, estava um pouco mais robusta, com os cabelos mais curtos, nos ombros, e prestava atenção à missa, estava sozinha.

Fazia muitos anos que ele não assistia a uma missa e percebeu que muitas coisas haviam mudado. Tentou se concentrar, orou e, como se deve agir como convidado na casa alheia, fez tudo o que as outras pessoas fizeram e com muito respeito. A missa terminou, e ele esperou que a maioria saísse. Viu Zenilda sair e percebeu que conhecia poucas pessoas da cidade, que crescera muito nos últimos anos.

Saiu da igreja, foi à casa da tia Laura e a convidou para almoçar num restaurante. Lá, encontrou-se com dois amigos de juventude. Ficou contente. Deixou, após o almoço, a tia na casa dela e esperou no hotel. Quando eram quinze horas e quarenta e cinco minutos, pegou o carro e se aproximou da casa do senhor José. Parou o veículo a alguns metros e não esperou muito, logo viu pai e filha saírem da casa. Aproximou-se com o carro, parou perto deles e desceu.

— Senhor José! Como está o senhor?

— Ramon! — exclamou o senhor José, reconhecendo-o. — Quanto tempo! Está aqui na cidade a passeio?

— Sim, vim ontem para o casamento de um sobrinho. Oi, Zenilda! Como vai?

— Bem e você? — respondeu ela.

— Estou bem, obrigado — falou Ramon.

— Belo carro! — exclamou o senhor José. — Novo e de marca cara. Veio com a família?

— Vim sozinho. Estou viúvo há dois anos.

Zenilda então o observou, sorriu e falou:

— Eu também estou viúva!

Ramon se ofereceu para levá-los, o senhor José aceitou e ele o ajudou a entrar no carro, no banco frente, e Zenilda foi no banco de trás. O cemitério era perto, e o trajeto foi feito em minutos. Conversaram sobre os familiares. Quando chegaram, ele desceu para ajudar novamente o senhor José, que, ao sair, viu um conhecido e foi cumprimentá-lo. Ele pegou na mão de Zenilda para se despedir e pediu:

— Posso lhe telefonar?

— Sim, pode — ela disse o número, e Ramon o decorou de imediato.

— Amanhã à noite telefonarei. Vou embora agora.

— Posso marcar a hora? Meu telefone é extensão do meu pai. Ficarei perto do aparelho para atender rápido. Às vinte e uma horas e trinta minutos; neste horário papai já está dormindo.

Despediram-se, e Ramon foi embora, voltou para a cidade onde morava. Aguardou ansioso a segunda-feira e o horário marcado. Quando ligou, ao começar o primeiro toque, Zenilda atendeu. Conversaram por uma hora, assim como nas noites seguintes. Ele falou dele, dos acontecimentos mais importantes que haviam lhe ocorrido nos anos em que ficaram sem se ver, e ela falou dela.

Zenilda contou que não acreditara na época, nos primeiros dias, que seu amado sumira. Mas o tempo foi passando, e o namorado não voltava. Como o pai dele foi para onde ele fora e não o encontrara, começou, então, a acreditar nos boatos: que o filho do senhor Alceu fugira com o dinheiro. Sua mãe, Adélia, aproveitou para atormentá-la: afirmava que o namorado fugira com outra, que não a amava. Como era muito jovem, Zenilda acreditou na mãe, que a empurrou para namorar Hércio, que havia tempos a cortejava. Adélia dizia que a filha ia ficar solteirona, que as amigas estavam se casando e, como o namorado não voltava nem dava notícias, acabou namorando Hércio, que quis casar logo. Seu casamento não foi feliz. Hércio era ciumento a ponto de não deixá-la sair de casa, por muitas vezes ficou trancada. E, quando Ramon voltou ao sítio, o marido ficou pior. Ela se entretia com os filhos, sempre gostou muito de crianças e, então, podia sair com as meninas, às vezes para um pequeno passeio ou para fazer algumas compras. Não viajavam, passeavam raramente, iam somente a alguns encontros familiares, como casamentos e batizados, e passavam o Natal com os pais dela, e o Ano-Novo, com os sogros. Sobre os filhos, as duas meninas mais velhas já estavam casadas: a primogênita era parecida com o pai e lhe dava muito trabalho; o moço, era o mais novo, ainda estudava. E, quando o marido desencarnou num acidente brutal, Zenilda foi cuidar do pai, que estava doente.

Ramon marcou de ir no sábado encontrar-se com Zenilda. Ficaram de se ver numa sorveteria às dezesseis horas. Ele viajou no sábado de manhã, hospedou-se novamente no hotel e foi ao encontro. Gostaram de se ver. Tomaram sorvete como velhos conhecidos.

— Venha jantar comigo. Mas deixe seu carro no hotel. Espero-o às dezenove horas — convidou Zenilda.

Ramon foi ao jantar, que transcorreu de maneira muito agradável. Zenilda cozinhava muito bem e ficaram conversando até de madrugada.

— Amanhã não irei à missa — disse a dona da casa —, meu filho e uma de minhas filhas vêm aqui e almoçaremos num restaurante, meu pai irá também. E amanhã não poderemos nos encontrar.

Marcaram outro encontro para o próximo fim de semana, ela iria à cidade onde ele morava e se hospedaria em seu apartamento.

No domingo, na hora do almoço, Ramon foi ao restaurante e, sem ser visto por eles, observou-os de longe e viu os filhos de Zenilda e os dois netos. Foi almoçar com sua tia Laura em outro restaurante.

— Você lembra — perguntou Laura — que eu ao ver as cartas para você, há muitos anos, disse do caminho? Recordo-me direitinho: o caminho florido no começo, que se tornava dois, cada um ia para um lado e, tempos depois, se reencontravam. Deu certo! Você namorava Zenilda, foi muito apaixonado por ela. Por poucos anos vocês dois seguiram o caminho florido pela juventude, pelo amor. Separaram-se e cada um seguiu para um lado. E agora os caminhos se reencontram.

— Lembro disso, titia. É extraordinário! Será que esse caminho que se encontra permanecerá ou novamente se bifurcará?

— Penso, meu sobrinho, que seguirão pela mesma estrada.

Ele voltou para a cidade que morava. Os dois se falaram pelo telefone durante toda a semana e, na sexta-feira à noite, Ramon foi buscá-la na rodoviária e a levou para seu apartamento. Passaram um fim de semana maravilhoso.

— Eu o amo, Ramon! Amo-o mesmo!

— Nosso amor floresce novamente!

Resolveram manter o romance por uns tempos às escondidas, pelo fato de a viuvez de Zenilda ser recente. Ramon contou ao filho.

— Papai — disse Marcelo —, quero que você seja feliz. Preocupava-me com você sozinho. Mas uma namoradinha da juventude? Ela deve ser da sua idade. Você poderia namorar uma jovem.

— Para que, meu filho? Os jovens têm outras conversas. Quando saí com algumas moças, não me interessei. E, depois, mulheres mais novas querem filhos e, para mim, bastam vocês dois, não tenho idade para ser pai novamente. Gostei muito de Zenilda e, ao reencontrá-la, percebi que podemos dar certo juntos.

— Se é assim, tudo certo. Quero conhecê-la e a tratarei muito bem — afirmou Marcelo.

Aline também se admirou:

— Papai, pensei que você se casaria com alguém mais nova do que eu. O que importa é que você esteja bem e feliz.

Depois de um mês que haviam se reencontrado, Zenilda foi visitá-lo e conheceu os filhos de Ramon. Foi um encontro agradável.

Quando Ramon ia nos fins de semana visitar Zenilda, o fazia discretamente. Da família dela, o primeiro a saber foi o senhor José, que aprovou:

— Ramon, sempre gostei de você. Não queria, naquela época, que minha filha se casasse tão rápido com Hércio. Sei o tanto que minha filha sofreu nesse casamento. Quero vê-la feliz. Morrerei sossegado sabendo que estão juntos.

Os dois estavam felizes. Zenilda, entusiasmada, se cuidou e parecia mais jovem, ficando mais bonita. Ramon também se alegrou, tanto que os colegas de trabalho perceberam, e ele aproveitou para dar a notícia de que estava namorando firme, assim afastou as pretendentes.

Passaram a viajar em fins de semanas e feriados e, quanto mais ficavam juntos, mais se envolviam. Seis meses depois, todos já sabiam, Zenilda contou aos filhos. A filha mais velha fez um escândalo, a segunda não falou nada, e o filho aceitou.

— Mamãe — disse ele —, eu sei o tanto que papai era difícil e que a senhora não foi feliz. Merece ser. Preferiria que tivesse esperado mais tempo para iniciar um namoro, mas aceito.

Ramon conheceu uma das filhas e o filho de Zenilda; foram se encontrar num restaurante, onde almoçaram. Tratou-os com educação, tentou ser agradável e foi tratado com desconfiança. Ela decidiu que ninguém a impediria de ficarem juntos.

— Basta — determinou Zenilda —, uma vez deixei que se intrometessem em minha vida e perdi você. Agora, nada ou ninguém se intrometerá. Se meus filhos não aceitarem, paciência, já são adultos, e o que pude, fiz a eles. Vou pensar em mim!

O pai de Hércio desencarnou, e disseram que foi por desgosto ao ficar sabendo que a nora estava namorando. E, mesmo com tantos problemas, os dois continuaram se vendo e, quando estavam juntos, os problemas ficavam pequenos, e os dois se alegravam somente por estarem pertos.

— Quando estivermos juntos — decidiu Zenilda —, não vamos falar em dificuldades familiares. Merecemos ser felizes e, com a nossa idade, não podemos perder tempo ou esperar mais.

Ramon, assim que se encontraram, contou para Zenilda que se tornara espírita, e foram muitas as vezes que conversaram sobre o assunto. Ela fazia sempre muitas perguntas e, com as respostas coerentes, foi se interessando e, quando o visitava, ia com ele às palestras e recebia o passe. E, no centro espírita, ela pedia sempre pela mãe e pelo ex-marido. Ainda ia às missas, mas, aos poucos, foi se tornando espírita. Zenilda não gostava muito de ler, e Ramon contava as histórias de livros que lera a ela, que escutava com atenção, comentava e fazia inúmeras indagações.

Resolveram não se casar, não precisavam de formalidades, prometeram ser somente namorados. O senhor José, pai de Zenilda, necessitou ser internado num hospital, sua doença se agravara e, três dias depois, desencarnou. Ela, então, alugou um apartamento e se mudou. Tinha outro apartamento na cidade em que as filhas moravam. Normalmente ficava durante a semana com as filhas, ajudando-as a cuidar dos netos, e, nos fins de semana, ou ia para o apartamento de Ramon ou para o seu, e ele ia vê-la.

Ramon tirou férias, e os dois foram viajar, seria a primeira vez que Zenilda viajaria por vinte dias: foram a diversos lugares, e ela conheceu o mar. Numa praia, numa noite de luar, os dois trocaram alianças.

— Estamos casados! — afirmou ele. — Ligados pelo carinho, respeito e amor.

— Sinto-me sua mulher — falou Zenilda emocionada —, sua esposa e para sempre. Usarei esta aliança, usaremos e, para nós, a nossa união é de muito amor. Amo você!

Consideraram-se casados e, quando é o amor que une, realmente existe o casamento.

A viagem foi maravilhosa, decidiram viajar mais e passaram a fazê-lo.

Com o tempo, os filhos de ambos se tornaram amigos, até a filha mais velha de Zenilda acabou por aceitar a união deles ao ver a mãe feliz.

E, assim, os caminhos se reencontraram.

capítulo 15

A história de Maria Antonia

*E*u, Antônio Carlos, estava atento à narrativa de Maria Antonia, a qual ela deu por finalizada.

— *Agradeço-a, Maria Antonia* — disse —, *pela bonita história. Mas não falta a complementação?*

— *Como assim?* — sorriu Maria Antonia.

Observei-a. Minha narradora estava harmonizada e, quando isto ocorre, a beleza transparece, o ser torna-se agradável de se contemplar. Além disso, de fato, Maria Antonia é bonita. Negra, cabelos encaracolados, lábios grandes, dentes muito brancos e sorriso franco.

— *E a sua história?*

— *Minha?* — perguntou ela. — *Você quer saber da minha vida?*

— *Sim, por favor, você é peça importante para deixar completa esta narrativa.*

— *Sendo assim...* — Maria Antonia contou: — *Reencarnei nessa minha última existência no físico numa família* pobre e grande, recebi o nome de Maria Antonia, que logo virou Tonica. Tive muitos irmãos. Logo nos meus primeiros anos de vida, meus pais perceberam que eu era diferente. Tinha um atraso mental bem acentuado: "Tonica não consegue aprender!"; "Ela é boba!"; "Boba e feia!".

Escutava essas coisas sempre e realmente era mais feia que meus irmãos, além de deficiente mental. Não frequentei escola e fui criada solta pelo morro. Minha família morava no sopé do morro, numa casinha pobre. Meus pais me defendiam e ensinaram meus irmãos a fazê-lo. Mas, a não ser Jacó, meu irmão mais velho, os outros sentiam vergonha de mim. Fui sempre como uma criança: fazia birra quando queria algo, chorava por qualquer motivo, importava-me quando me ofendiam e revidava. Por fazer isso, as crianças gostavam de me xingar. Recordando agora aqueles tempos é que compreendo que sentia ser diferente, mas não queria ser, pensava que poderia ser igual aos meus irmãos e não conseguia. Muitas vezes tinha consciência de que era ridícula e chorava, em outras me esforçava para não ser diferente e também não conseguia. Bastava alguém me contrariar para esquecer meu esforço de ser como meus irmãos e dar vexames.

Sempre que pegava cadernos, livros, fingia ler. Ao ver meus irmãos lendo e escrevendo, parecia fácil. Mas, quando escrevia e via somente rabiscos, chorava. Dentro de mim, sentia que já fizera isso, que era fácil, mas não conseguia. O que lembro da minha infância de ter sofrido foi por este motivo, não queria ser diferente. Na adolescência, queria ser bonita e chorava por não ser. Nada me faltou até meus pais desencarnarem. Meus irmãos já estavam todos casados quando meu pai mudou-se para o Além. Ele era empregado de uma fazenda. Seu empregador *era o proprietário daquelas terras no sopé do morro, e o dono deixou que continuássemos, mamãe e eu, morando ali, mais para vigiar, porque, metros mais à frente, ele plantava cereais. Minha mãe sempre cuidou de mim com muito carinho. Mesmo idosa e doente, preocupava-se comigo, mas foi depois que ficou viúva que me preparou para ficar sozinha. Ela sabia que seria difícil eu morar em outro lugar, como também algum irmão ou irmã cuidar de mim. Um dia ela pediu ao proprietário daquelas terras para me deixar ficar ali. Argumentou:*

"Senhor, Tonica gosta destas terras. Cuida dela, vigia o pedaço. Com ela aqui, ninguém se atreve a ir às suas plantações. Por favor, eu lhe imploro, deixe-a ficar aqui. Minha filha não dará trabalho ao senhor".

Este homem, pessoa boa, percebeu a preocupação de minha mãe e lhe prometeu:

"Pode ficar sossegada, deixarei Tonica morar aqui até quando ela quiser. Prometo à senhora".

Minha mãe ficou doente, duas irmãs e meu irmão Jacó vinham todos os dias ajudá-la, e eu lhe fazia companhia. Foi uma perda muito grande quando ela desencarnou. Não entendia o porquê de ela ter ido embora, me deixado sozinha se me amava.

Maria Antonia fez uma pausa na sua narrativa para enxugar as lágrimas. Recordar, às vezes, é sofrer novamente. Aguardei compreensivo.

— Desculpe-me, Antônio Carlos — pediu Maria Antonia *—, estes foram os piores momentos dessa minha encarnação. Fiquei sozinha. Por alguns meses, meus irmãos me visitaram, as irmãs ajudaram-me na limpeza da casa, traziam alimentos, mas foram, aos poucos, escasseando essas visitas. Somente meu*

irmão Jacó nunca me abandonou. Ele morava na fazenda, não longe de minha casinha, e era quem me trazia alimentos, preocupava-se e conversava comigo.

Via e escutava desencarnados desde pequena, meus irmãos sentiam medo quando descrevia algum espírito. Mamãe me compreendia, rezava muito para Nossa Senhora pedindo para eu não vê-los mais. Ela não queria que eu visse para não me confundir mais ainda, receava que pudesse piorar minha situação. Mamãe também via e escutava "as almas do outro mundo", era como ela se referia aos desencarnados. Minha mãezinha me pedia para contar sobre minha vidência somente para ela e pedia para não falar a mais ninguém, mas eu estava sempre falando. Mamãe chamava a mediunidade de "visão". Quando ela desencarnou, embora tenha ficado sempre comigo, não deixava que eu a visse. Amor de mãe, talvez seja mais compreendido por outra mãe. Ela poderia ter ficado numa colônia linda, mas preferiu trabalhar com encarnados para poder ficar mais comigo.

Vivi por muitos anos sozinha. Gostei de Ramon assim que o vi. Ele acompanhava dona Cidália, a avó dele, quando, numa tarde, ela foi plantar flores no morro. Tornamo-nos amigos: ele não se aborrecia, não me xingava. E, quando ele se encontrava com Zenilda, eu os observava de longe, bem escondida, não para vigiá-los, mas para avisá-los se tivesse alguém por perto, para não serem surpreendidos.

Com o passar dos anos, passei a ver mais os desencarnados. A maioria das pessoas não acreditava em mim, outras achavam que queria atenção, o padre julgava que eu era tentada pelo demônio, e alguns tinham medo de mim como se eu fosse assombração.

Não vi o assassinato de Júlio e Marilda. Passei aqueles dias com gripe, fiquei acamada. Jacó foi quem cuidou de mim. Foi somente anos depois que comecei a ver o casal na Pedra Estrela e conversava com eles. No começo, os dois, com muito rancor um do outro e do assassino, apareciam com os ferimentos. Depois, estando melhores, contaram-se sua história.

Maria Antonia fez novamente uma pausa e continuou:

— Na minha conversa com os dois, fiquei sabendo: Júlio me contou que Marilda era linda. Suze, de fato, era filha deles e era parecida com a mãe. A beleza de Marilda despertou o interesse do senhor Legório, que começou a cortejá-la com recados e presentes. Tornaram-se amantes.

"Não foi bem assim", defendia-se Marilda. "Desde menina minha beleza chamava atenção, talvez tenha sido por isso que minha mãe me vigiava muito. Comecei a namorar Júlio com dezesseis anos e me casei aos dezoito anos. Foi o único namorado que tive. Tivemos três filhos. Júlio ganhava pouco e, com o tempo, não me dava muita atenção. Foi então que o senhor Legório me cortejou, insistiu na conquista, dava-me flores, bombons e depois presentes mais caros. Meu marido não prestava atenção em mim e nem desconfiou."

"Trabalhava muito", falava Júlio se justificando. "Queria dar mais conforto a ela e aos nossos filhos. Comecei a perceber que algo não estava certo quando ela vestiu uma blusa cara e falou que o dinheiro que eu lhe dava havia dado para comprá-la."

"Tornei-me amante do senhor Legório", contou Marilda, "mas não nos encontrávamos muito. Duas a quatro vezes por mês. Pela manhã eu ia à Pedra Estrela e nos víamos. Era fácil, saía cedo de casa, assim que Júlio saía. Ele começava a trabalhar às quatro horas e, neste horário, não encontrava com ninguém, nem com você, Tonica, que ainda estava dormindo. Deixava as crianças adormecidas sozinhas e voltava logo. Dizia aos meus filhos que, se eles acordassem e eu não estivesse, era para me esperar porque saíra para fazer compras".

"Eu desconfiei", disse Júlio, "porque vi Marilda se arrumando. Saí para o trabalho, mas voltei, fiquei escondido, vi-a sair e a segui. Não queria acreditar quando a vi abraçada com aquele fazendeiro maldito. Gritei o nome dela, assustei-os e me aproximei. Não tive a intenção de fazer nada, nem raciocinei. O senhor Legório, ao ver que me aproximava, sacou sua arma e gritou: 'Não se aproxime ou eu o mato!'. Mas não parei. Ele destravou o revólver e o apontou para mim. Marilda se apavorou, ficou na minha frente e o tiro a acertou no seu peito. Abaixei-me com a intenção de socorrê-la e escutei do assassino: 'Não queria matá-la, você é o culpado! Não posso deixar testemunha! Morra!'. E atirou na minha têmpora. Estava ajoelhado, caí e ainda vi o criminoso colocar a arma na minha mão, por o meu dedo no gatilho e atirar duas vezes. Depois, calculando onde a arma poderia cair, tirou com um lenço suas digitais e jogou o revólver no chão. Foi depois que observou tudo, verificou se não havia ninguém pela região e nada viu de suspeito. Lembrou-se de você, Tonica, e foi à sua casinha: olhou pela fresta da janela e a viu adoentada no leito. Foi embora como se nada tivesse acontecido".

— E o que aconteceu com o casal? — eu, Antônio Carlos, aproveitei uma pausa para perguntar.

— Júlio e Marilda, pela desencarnação violenta, ficaram confusos perto dos seus restos mortais. Quando seus corpos *físicos foram encontrados, continuaram na Pedra Estrela. Nenhum dos dois pensou em orar, perdoar ou pedir perdão. Ficaram com raiva um do outro, acusando-se e sentiram ódio do assassino. Foi minha mãezinha, que sempre estava comigo, quem os ajudou. Ela foi conversando com o casal, que, aos poucos, foi se entendendo. Primeiro se perdoaram: se Marilda errou traindo o esposo, depois o defendeu, pois ficou na sua frente recebendo o tiro que a vitimou. Júlio desculpou-a. Foi mais difícil para os dois perdoarem o assassino. Quando fizeram isto, puderam ser socorridos e, então, souberam dos filhos. De fato, o menino mais novo foi adotado por um casal estrangeiro e ficou bem. A menina era Suze. Júlio e Marilda reencarnaram, hoje estão adultos, reencontraram-se, novamente se casaram e tentam se harmonizar.*

— *E depois, o que aconteceu? Como foi sua desencarnação?* — curioso, quis saber.

— *Na quinta-feira, antes de desencarnar, vi o senhor Legório sentado na Pedra Estrela e me aproximei, chamando-o de "assassino". Tinha pegado uma pedra e a segurava com força com intenção de me defender se fosse agredida. Surpreendi-me com a atitude dele, que, aparentando calma, perguntou:*

"Por que, sua louca preta, me chama de 'assassino'?".

"Sei que o senhor matou o casal Marilda e Júlio. Sei, sim", respondi.

"Como sabe?"

"O senhor pegou o revólver e bum. Atirou!"

"Você viu?", perguntou o senhor Legório. "Pelo que sei, você estava doente na época."

"Me contaram", respondi rindo.

O CAMINHO DE URZE

O fazendeiro observou-me. Como ele não me xingou e conversava normalmente, senti ser importante, joguei a pedra fora e me sentei no chão a alguns metros dele.

"Tonica, quem mais sabe disso?", perguntou ele.

"Ora, não conto!"

"Se você não me falar quem mais sabe, eu não acredito em você", disse o senhor Legório.

"Ramon, o filho do senhor Alceu, sabe."

"Não é verdade! Não matei ninguém!", exclamou ele.

"Matou, sim!", afirmei.

"Tenho de ir embora. Até logo!", despediu-se.

O fazendeiro montou no seu cavalo, foi embora, e eu desci o morro gargalhando. Na noite de sexta-feira para sábado, dormindo na minha cama, acordei por somente alguns instantes, senti-me sufocar e senti uma dor muito forte no pescoço. Fiquei tonta e depois dormi novamente.

Maria Antonia parou por alguns segundo de falar, olhou-me e, me vendo atento, continuou:

— *Continuei dormindo tranquila. Acordei num local, numa enfermaria muito limpa, e achei o lugar lindo. Foi uma enorme felicidade rever minha mãe. Para mim, foi uma notícia muito agradável saber que viveria a partir de então de um modo diferente. Recebi com indiferença a informação de que havia desencarnado, de que meu corpo físico tinha morrido. O importante para mim era que me sentia muito bem. Gostei demais de morar no plano espiritual, numa colônia, numa casa ao lado do meu pai e da minha mãe. Recuperei-me rápido, tanto na aparência (fiquei mais esbelta, com dentes sadios, limpa e arrumada) quanto mentalmente (comportava-me com educação e delicadeza,*

*falava direito, não gargalhava e comecei a aprender com facili-
dade, já não era deficiente). Minha primeira tarefa foi cuidar
das flores do jardim, fui estudar, reaprendi a ler e a escrever e
aprendi muitas coisas.*

*Quando adaptada ao plano espiritual, foi que fiquei sa-
bendo como havia desencarnado. O senhor Legório se apavorou
quando o chamei de "assassino" e falei como tinham sido as
desencarnações de Júlio e Marilda. Frio, como sempre, esforçou-se para aparentar calma. Se ele tivesse me perguntado quem
havia me contado, com certeza teria respondido que fora o casal,
mas ele insistiu em indagar quem mais sabia. Naquele momento,
ele resolveu me eliminar. Planejou me assassinar de uma forma
que parecesse suicídio. À noite veio a cavalo à minha casinha e
deixou o animal amarrado a alguns metros de minha morada.
Andando com cuidado, pegou a corda que eu usava como ba-
lanço, prendeu-a num galho de uma árvore e entrou no meu lar
sem fazer barulho. Eu estava dormindo, e ele colocou no meu
nariz um pano com éter para não me acordar. Com dificuldade,
pois eu era pesada, carregou-me para fora da casa, colocou a
corda no meu pescoço e puxou a ponta, depois amarrou-a no
tronco. Foi quando eu senti o sufoco e a dor. Desencarnei rápido.
Fui socorrida por mamãe e amigos, que me desligaram do corpo
morto e me levaram adormecida para uma colônia. O senhor
Legório completou seu plano, colocou uma cadeira caída embaixo do meu corpo pendurado e jogou meu chinelo no chão,
voltou à minha casa e deixou tudo arrumado. Tinha, para isso,
uma lanterna e a acendeu somente quando necessitou. Voltou
tranquilo para seu lar.*

— Você perdoou-o de imediato? — perguntei curioso.

— *Sim* — respondeu Maria Antonia. — *Para mim, não teve importância a maneira como desencarnei e senti pena dele, que, com certeza, pagaria por esse ato maldoso. Mas sempre temos o "mas" para meditarmos. Tempos depois, estando harmonizada, trabalhando e tendo aprendido muitas coisas, mamãe me contou o que o senhor Legório havia feito. Quando o fazendeiro planejou me matar, o fez também com Ramon. Ele concluiu que Ramon havia me contado, então ele deveria ter visto. Sabia que o filho do senhor Alceu andava muito pelo morro. Achou que, sendo menino na época do crime, não devia ter entendido o que vira, mas, já rapaz, entendera tudo e ele era uma ameaça que deveria ser eliminada. Se o filho do senhor Alceu contasse às pessoas, por mais que ele negasse, haveria dúvidas e, num crime, se averiguado, encontra-se evidências. Foi então que ele contratou Ramon para levar os cavalos para o outro fazendeiro, seu amigo e cúmplice de falcatruas. O senhor Legório escreveu ao amigo pedindo para assassinar o jovem e ficar com os cavalos, assim como também enviou dinheiro como pagamento na carta. E foi o que aconteceu: numa emboscada, os jagunços desse senhor feriram Ramon, deixando-o caído e o julgaram morto. Minha mãe, ao saber da intenção do senhor Legório, tentou de tudo para que ele não conseguisse matá-lo, mas o difícil para nós aqui no Além é ver os acontecimentos sem conseguir interferir. Depois de ter me socorrido, deixando-me acomodada na colônia, dormindo tranquila, mamãe tentou ajudar Ramon. Segundo ela, pôde fazer pouco. Se meu jovem amigo não fosse encontrado e ajudado, iria desencarnar e aí ela o socorreria, mas tudo fez para Zeca encontrá-lo e ajudá-lo e foi atendida. Enquanto Zeca vinha, ela tentou conversar com*

*Ramon, que, apavorado, não a aceitou. Mamãe continuou auxi-
liando-o na sua recuperação e, quando ele estava bem, ia visitá-lo
de vez em quando.*

— Meu amigo Antônio Carlos — continuou Maria Antonia depois de um ligeiro intervalo —, *entristeci-me com o
que aconteceu ao Ramon, senti-me culpada. Ele me pediu para
não falar o que Marilda e Júlio me diziam, e eu não só não o
atendi como ainda o coloquei em perigo dizendo que ele sabia.
Fui vê-lo, ele estava na cidade grande e tentei falar a ele que
não era suicida. Mas, naquela época, com tantos problemas,
Ramon não se lembrava de mim. Continuei estudando e o visitava sempre. Quando ele começou a ir ao centro espírita,
tornei-me sua amiga espiritual, sua protetora e o sou até hoje.*

— *Por que, Maria Antonia* — quis saber —, *você teve
uma existência com tantas dificuldades?*

— *Não existem efeitos sem causas* — respondeu Maria
Antonia. — *Na minha outra existência, reencarnei como escrava numa fazenda perto de onde morei nessa última encarnação. Minha mãe fora o mesmo espírito e, naquela época, fora
escrava também. Ela servia a casa-grande e teve somente Jacó e
eu de filhos. Jacó foi o irmão que cuidou de mim, este espírito
bondoso foi também meu irmão na outra existência. Tivemos
outros nomes, mas que importam essas denominações? Já tive
muitos nomes e, com certeza, terei outros tantos. Nós, os escravos daquele senhor, não éramos maltratados. Na fazenda havia
castigos para os rebeldes, mas nada horripilante, porém se trabalhava muito, não saíamos da fazenda, vivi sempre ali, nunca
vi uma cidade. Como minha mãe trabalhava na casa-grande,
era uma ótima cozinheira, Jacó e eu ficávamos por lá, éramos*

companheiros dos filhos dos senhores. Logo percebi que deveria bajular para me dar bem, meu alvo foi uma sinhazinha mais nova dois meses que eu. Ela tornou-se minha amiga, e eu fazia tudo por ela, estávamos sempre juntas e até estudávamos, foi então que aprendi a ler e escrever. Na adolescência, passei a ser criada dela. Quando a sinhazinha ia com a família à cidade, eu ficava na fazenda. Em vez de ser grata por ser bem tratada, sentia muita inveja dela. Quando eles voltavam à fazenda, a sinhazinha me contava tudo, e eu ficava sonhando e desejando ser sinhá. O sinhô, pai dela, tinha lhe arranjado um casamento, mas ela se apaixonou por um empregado e eu também. Ele preferiu minha sinhá, os dois se encontravam escondidos no pomar, e eu era obrigada a vigiar. Resolvi separá-los. Contei à sinhazinha que este moço dormia com as escravas da senzala e que era apaixonado por uma delas. A sinhá não o quis mais, e ele, em vez de ficar comigo, foi embora da fazenda. Passei a fazer intrigas, fofocas, contando segredos de um para o outro, isto com cautela, raciocinando, planejando para parecer ser inocente, e fazia isto por maldade, para ver as pessoas sofrerem. Minha mãe percebeu e me alertou muitas vezes, estava sempre me aconselhando. Não atendi e continuei com minhas maldades. Com as minhas intrigas, fiz escravos serem castigados e provoquei brigas nas famílias tanto dos escravos quanto nas dos senhores. O sinhô desconfiou, mas a sinhazinha me defendia. Ela casou e continuou morando com os pais. Gostei do marido dela, que não me dava atenção, ele não gostava de se envolver com negras. Então fiz fofoca dele com a filha de um empregado, que era branca. A sinhá despediu a família, e a moça foi embora. Os escravos da senzala me detestavam, tudo o que sabia sobre eles delatava.

Estava com vinte anos quando veio uma prima do marido de minha sinhazinha visitá-los. Esta senhora era rica, tinha vestidos lindos e muitas joias. Numa tarde, ela deixou no quarto, em cima da cômoda, um colar muito bonito. Peguei-o para mim pensando que ela não ia perceber, pois tinha muitas joias. Mas ela deu falta, reclamou, e a sinhá mandou os escravos da casa procurarem o colar, que não foi encontrado.

"Se alguém pegou este colar será castigado", determinou a sinhá. "Vou revistar o alojamento dos escravos da casa!"

Senti medo, peguei o colar que escondera entre minhas coisas e escondi nas roupas de minha mãe. Ela viu e eu pedi a ela:

"Por favor, mamãe, a sinhá não será capaz de castigá-la, mas a mim, sim. Peguei este colar pensando que a dona não ia perceber. Achei-o bonito e o quis para mim. Por favor!", implorei.

Minha mãe concordou, talvez pensando, como fazem sempre as boas mães, que era preferível sofrer que ver um filho sofrer. Ela também pensou que a sinhá a perdoaria mais facilmente. Quando foi encontrado o colar nas coisas de mamãe, a sinhá não queria acreditar, porém, como tinha falado que castigaria, determinou que, assim que a visita fosse embora, minha mãe seria levada para a senzala e trabalharia na lavoura. Não iria de imediato para não ficar sem a excelente cozinheira. E foi o que aconteceu: cinco dias depois, a visita foi embora, e minha mãe foi levada para a senzala. Ela não estava acostumada ao trabalho pesado da lavoura e estranhou a alimentação. Adoeceu e, três meses depois, desencarnou. Jacó, meu irmão, desconfiou que nossa mãe tinha recebido o castigo no meu lugar, ele sabia do que eu era capaz e se afastou de mim. Senti a desencarnação de minha mãe, por uns tempos fiquei quieta, comportada, mas logo voltei à minha maledicência. *Provocava sempre o marido de si-nhazinha, e ele armou uma cilada para mim: pediu para ir ao seu quarto e perguntou por que eu o provocava. Quando falei que ele era lindo e que queria ser sua amante, o sinhô, com habilidade, dizendo admirar minha inteligência, fez-me falar de algumas maledicências que cometera. De fato, era inteligente, cometi muitos atos ruins, e ninguém percebia ou conseguia provar que fora eu. O marido de minha dona, então, abriu a porta e, do outro lado, estavam minha sinhazinha e sua mãe escutando. Fui banida da casa-grande. O castigo seria deixar tudo, minhas roupas, objetos, e ir para a senzala e trabalhar na lavoura. Não adiantou implorar, mentir ou chorar, a ordem foi dada. Escutei os escravos se deliciando com o meu castigo e prometendo tornar a minha vida um inferno dentro da senzala, e os que haviam sido castigados por minha causa prometeram vingança. Então, fui ao paiol, armei um laço com uma corda e me enforquei. Meu ato não foi planejado, o fiz em desespero. Para mim, era muita humilhação ir para a senzala, senti naquele momento o que de fato era ser escrava, propriedade de alguém. Sabia que sofreria na senzala, os escravos sabiam castigar quando queriam. Temi-os e preferi morrer. Que desencarnação diferente dessa minha última! Como sofri! Foram anos de sofrimento, primeiro ao lado dos meus restos mortais, depois no Vale dos Suicidas. Ninguém fez orações em minha intenção. Minha sinhazinha sentiu, ela gostava de mim, só que ela acreditava que negros não tinham alma, não orou por mim. Mas tudo passa. Arrependi-me muito, não só do suicídio, mas também de minhas maldades. Minha mãe ajudou-me. Ela reencarnou e me aceitou como filha novamente. Não consegui me harmonizar no plano espiritual, o remorso me torturava, o esquecimento que tive pela reencarnação foi um bálsamo misericordioso e, como deficiente, aprendi muito. Entendo o passado agora como uma história de erros e acertos, entristeço-me somente pelos meus atos errôneos, porém sinto-me quites com eles. Terei, como todos nós temos, outras oportunidades com a reencarnação: voltarei ao plano físico um dia para provar a mim mesma que venci minhas tendências viciosas, para crescer espiritualmente, consolidar o que aprendi e aprendo aqui no Além. Como vê, amigo Antônio Carlos, nada é injusto, tudo tem razão de ser. Deus é misericordioso!*

Maria Antonia sorriu de maneira encantadora.

capítulo 16

Zenilda e Ramon

— Maria Antonia, posso lhe fazer mais uma pergunta?
— Claro, amigo Antônio Carlos — respondeu ela. — Pergunte. O que quer saber?
— Você tem motivos para ser a protetora espiritual de Ramon?
— Muitas pessoas pensam que um espírito, para ser protetor, necessita ser especial. Talvez seja especial na vontade de fazer bem e ajudar. O protetor tem conhecimentos limitados, está também progredindo moral e intelectualmente, esforça-se para fazer tudo certo e ter o discernimento do bem e do mal. Proteger um encarnado não é tarefa fácil, é um trabalho escolhido. Normalmente os dois, encarnado e desencarnado, sentem-se atraídos por afinidades, gostos e sentimentos bons ou maus. Estudam, fazem tarefas juntos e, assim, ambos progridem. São laços, entre eles, mais ou menos duráveis, podem durar muitos anos ou somente por um determinado trabalho. Quase

sempre dura a encarnação do protegido. O guia espiritual, o protetor, tem obrigações, mas também tem de seguir regras que os orientadores estipulam. No começo, quando passei a ficar perto de Ramon na tentativa de auxiliá-lo, foi por sentir que o prejudiquei. Meu orientador me fez entender que não estava certa. O que houve com ele, aquela tentativa de assassinato, tinha razão para acontecer. Compreendi. Mas, como ele estava frequentando o centro espírita, estudando e fazendo o bem, teria de ter um protetor, porque isso acontece quando o encarnado faz o bem: um desencarnado bom o ajuda e ambos aprendem e cumprem juntos suas tarefas. O protetor tenta orientar e pode ser ou não atendido, não é babá, não fica o tempo todo à disposição, pois sempre tem muitas outras coisas para fazer, são companheiros do trabalho a ser realizado. A função de maior responsabilidade de um protetor é tentar evitar que desencarnados mal-intencionados prejudiquem seu protegido, seu colega de tarefas. Mas, para isso, o encarnado tem de estar ativo, e desculpas para não fazer seu trabalho nem sempre são justificáveis. O são quando doentes, na velhice ou quando estão com sérios impedimentos. E nosso trabalho às vezes se complica. Eu, como protetora, posso tentar alertar meu companheiro encarnado, e ele atender a um outro que não quer vê-lo no bom caminho. Como ele e todos nós, temos livre-arbítrio, escutamos a quem queremos. Infelizmente, tenho escutado muitos lamentos de protetores que, entristecidos, dizem que nem sempre são atendidos. E, normalmente, quando as coisas para eles, os encarnados, não dão certo, ainda se queixam dos protetores. Eu não tenho motivos de queixas, Ramon e eu somos amigos.

— Realmente — opinei —, não é fácil você tentar, como protetor, fazer o melhor possível, e, às vezes, não ser compreen-

O Caminho de Urze

dido ou, pior, não ser atendido. Mas isso ocorre com amigos, pois um protetor é antes um amigo, de divergir nas opiniões. Porém, quando dá certo, é um prazeroso trabalho.

— Um bom protetor — Maria Antonia completou — não pode fazer a lição que cabe ao encarnado. Se fizermos o que o protegido tem de fazer, privamo-lo de aprender. Por isso é sempre aconselhado aos protetores estudarem, aprenderem, para saber fazer o que lhes cabe, bem feito, para concluir seu trabalho da forma certa.

— Maria Antonia — perguntei —, você e Ramon já reencarnaram juntos? Você falou que houve motivos para ele ter se separado de Zenilda. Você sabe a causa? Poderia me contar?

— Não me lembro de ter me encontrado antes com o espírito de Ramon. Recordei-me com detalhes de minha penúltima encarnação e também os acontecimentos mais importantes de outras minhas existências. Ramon e eu não estivemos juntos. O importante é estar sempre ampliando nossos afetos. Depois que compreendi que não deveria me sentir devedora, reparar sim, mas não pagar muitas vezes pelo mesmo erro, optei por ficar trabalhando com Ramon por ele fazer jus a esta proteção, por fazer o bem, e, com ele estudando, aprendi muito também. Gosto dele, penso que é como amor maternal, afinamo-nos. Sei o motivo, o porquê de eles terem se separado. Minha orientadora me contou para que entendesse, naquela época, os efeitos e suas causas.

— Estou curioso. Conte, por favor — pedi.

— Os dois — contou Maria Antonia —, Zenilda e Ramon, por muitas reencarnações estiveram unidos por um amor, uma paixão, e, para estarem juntos, cometeram atos indevidos, dos quais se arrependeram e sofreram por isso. Numa dessas reencarnações, Hércio, Zenilda e Ramon fizeram um *triângulo amoroso. Renasceram numa mesma região. Zenilda era camponesa, morava com a família nas terras de Hércio, que era um senhor muito rico. Quando ele ficou viúvo, ela tudo fez para conquistá-lo por interesse, queria ser rica e não precisar mais trabalhar. Com ajuda de sua mãe, fez um filtro do amor, um feitiço, para deixá-lo apaixonado. Bonita, mais nova que os filhos dele, Hércio apaixonou-se perdidamente pela jovem camponesa e se casou com ela. Ramon era seu filho que estava ausente, viajando, quando a mãe desencarnou e o pai se casou; por este motivo os dois não haviam ainda se encontrado. Ao retornar ao seu lar e ver Zenilda, apaixonou-se e foi correspondido. Tornaram-se amantes. Quando Hércio descobriu, sofreu muito, mas, já que muitas pessoas sabiam, foi obrigado a tomar uma atitude. Como era o costume da época, tinha de limpar sua honra e matou a esposa. Expulsou o filho de casa. Zenilda sofreu muito no plano espiritual. Ramon também sofreu; expulso do lar paterno, teve de trabalhar para seu sustento e, anos depois, desencarnou por uma infecção de um ferimento. Os dois se encontraram no Além e, depois de muito sofrerem, foram socorridos e fizeram um propósito de não prejudicarem mais ninguém para ficarem juntos, não fazer sofrer o próximo para desfrutar deste amor. O sofrimento muitas vezes leva ao arrependimento, então se promete muitas coisas e se esquece, como se esquece de tudo o que aconteceu no passado quando se veste novamente o corpo de carne. É o véu que nos priva das lembranças. Esquecimento misericordioso. E cada reencarnação é um novo recomeço, pleno de esperança. Reinicia-se, sentindo-se normalmente ser a primeira vez que se está no físico. E pode ocorrer que, mesmo sentindo que não se deve fazer algo, se faz. Os bons propósitos ficam dentro de cada um, e a consciência cobra, mas se a pessoa for imprudente e não atender a essa cobrança, pode errar novamente e sofrer também.*

Zenilda e Ramon voltaram novamente ao plano físico na França, reencarnaram na mesma cidade. Embora o lugar sendo pequeno, os dois não se reencontraram na infância nem na juventude. Zenilda nasceu numa família de posses financeiras, e Ramon, filho de um sitiante que cultivava uvas e tinha uma pequena vinícola que produzia bons vinhos.

Na adolescência, Zenilda sonhava encontrar seu príncipe encantado, um grande amor. Mas quem se interessou por ela foi um homem mais velho, um senhor rico, que ela repeliu dizendo que preferia morrer a se casar com ele. Era Hércio, que também havia reencarnado. Sem saber explicar por que, Zenilda sentia medo dele: só de pensar em ficar perto desse senhor, arrepiava-se temerosa. Hércio estivera anteriormente muito apaixonado por Zenilda, bastou revê-la para se apaixonar novamente e tentou conquistá-la. Fez um acordo com o pai dela para desposá-la. Zenilda não queria se casar com ele, sentia medo de Hércio, receava que ele pudesse matá-la ou prendê-la em casa. Sua mãe encontrou a solução, ela iria para o convento. A ideia de ficar enclausurada não a agradava, mas preferiu e foi. Escolheu uma ordem religiosa em que as freiras cuidavam, na cidade em que moravam, de um hospital. Um sanatório modelo, inovação para a época, lá se internavam doentes pobres e ricos de toda a região. Zenilda aprendeu a cuidar de enfermos e se tornou uma enfermeira. Hércio demorou a se conformar e, tempos depois, casou-se com outra moça, mas estava sempre vigiando Zenilda. Foi nessa época que Ramon machucou-se, teve o osso da perna direita quebrado, assim como algumas costelas, num acidente: o cavalo em que montava caiu em cima dele. Foi hospitalizado, e Zenilda, como enfermeira, uma freira, foi cuidar dele, mas, assim que se viram, sentiram-se atraídos. Passaram a conversar, apaixonaram-se. O bom senso, a consciência dos dois, pedia para se afastarem, mas, enamorados, resolveram continuar se encontrando. Passaram a se ver escondidos numa sala que o fundador e benfeitor daquele sanatório usava quando ia visitar a entidade. À noite ela ajudava-o a se levantar do leito, a andar, e iam para essa sala falar de amor. Hércio soube e os delatou à madre superiora, que mandou Ramon sair do hospital e prendeu Zenilda num quarto. Ele retornou à casa dos pais. Ela estava grávida e tentou esconder a gravidez. A madre superiora disse que ia bani-la da ordem religiosa, estava esperando o bispo retornar de viagem para decretar a expulsão. Isto seria um escândalo para sua família, uma imensa vergonha que os cobriria de desgraça. Os dois apaixonados conseguiram se comunicar, escreviam cartas que eram entregues por um doente, tio de Ramon, que ia ao hospital somente para receber remédios. Quando a madre superiora descobriu que Zenilda estava grávida ela estava de sete meses e, dias depois, ela entrou em trabalho de parto, mas a criança morreu. Foi um parto difícil, em que ela quase desencarnou. Os dois sofreram separados. Hércio ficou sabendo que Zenilda fora castigada e presa e ficou contente. Zenilda conseguiu que a madre superiora não a delatasse para o bispo e que a transferisse para um convento distante, onde ficaria enclausurada sem contato com ninguém do exterior, não veria nem seus pais, isto para sua família não sofrer por sua atitude imprudente. Zenilda conseguiu escrever novamente ao seu amado contando da transferência e do dia em que iria. Ramon aguardou a car-

O Caminho de Urze

ruagem num pedaço da estrada, que era estreita e, quando viu o veículo se aproximando, colocou uma pedra no caminho, obrigando-o a parar. O cocheiro reagiu e Ramon o feriu na cabeça, deixando-o sem sentidos naquele local isolado. Tirou sua amada da carruagem e fugiram. Esconderam-se num sítio distante, na casa de um irmão dele. Hércio ficou sabendo e espalhou a notícia. Foi um escândalo, as famílias sentiram-se desonradas, e todos se envergonharam. O irmão de Zenilda quis duelar com Ramon, mas, como este não foi encontrado, então desafiou o pai dele, que, idoso, foi morto. Muitos sofreram com a atitude deles. Hércio tentou em vão esquecer Zenilda, mas, depois disso, resolveu não se importar mais com ela, tinha esposa e filhos. A família dela ficou desonrada; todos sofreram pelo erro imprudente dos apaixonados; seu irmão sentiu por ter duelado e matado uma pessoa; sua mãe, que estava doente, desencarnou. Todos sentiram a maledicência do escândalo. A família de Ramon também sofreu, o pai desencarnou num duelo, a mãe chorava muito, os irmãos estavam envergonhados, e ninguém queria comprar mais seus vinhos.

Os dois souberam de tudo e se entristeceram, estavam fazendo muitas pessoas sofrerem. Prejudicaram até o pobre trabalhador, o cocheiro, que ficou muito ferido. O irmão de Ramon, que os abrigava, pediu para eles irem embora, ele temia que sua família sofresse represálias se os dois fossem encontrados com eles. Com pouco dinheiro e roupas, os dois partiram a cavalo. Foram para outro país. Dias depois, viajando, dormindo ao relento, tiveram de vender os cavalos para se alimentar e fizeram um pedaço do trajeto a pé. Embora contentes por estarem juntos, com o sonho de serem felizes, estavam preocupados. Estabeleceram-se numa fazenda, foram contratados para cuidar de animais e receberam uma casinha para morar. Nesse lugar fazia muito frio. Tornaram-se camponeses. Ganhavam pouco, e a vida era muito difícil. A casa em que residiam era rústica, simples, sem conforto, e ambos tentaram consertá-la, arrumá-la. Viveram modestamente.

Zenilda não engravidou mais; pelo parto difícil, ficou estéril. Ramon ficou com a perna deficiente, mancava ao andar e sentia muitas dores. Por ter sido enfermeira no sanatório, Zenilda atendia as pessoas daquele lugar e, em troca, recebia alimentos e algumas roupas. Pobres, privados às vezes do necessário, longe das famílias, os dois se arrependeram muito.

"Não devíamos ter nos envolvido", Zenilda falava sempre. "Devia ter me casado com Hércio e assim me privado de sua perseguição. Ele me vigiava no sanatório, naquele grande hospital onde aprendi tantas coisas. Hércio, rancoroso, instigou meu irmão a duelar com seu pai. Não sei como não veio atrás de nós."

"Não veio", respondia Ramon, "porque deve saber que não precisamos mais de castigos, deve ter concluído que estamos pobres e necessitamos de tudo".

"Devia ter agido diferente", lamentava ela. "No sanatório, ter cuidado de você como doente e nada mais. Sentindo-me atraída por você, devia ter pedido para mudar de enfermaria. Por que fui escutar meu coração?"

"Eu", queixava-se Ramon, "devia ter respeitado uma religiosa. Amado-a em segredo e não tê-la cortejado. Também não devia ter escutado meu coração".

"Sofremos pela nossa imprudência!", exclamava Zenilda. "Inconsequentes, fizemos muitas pessoas sofrerem. Minha família, minha mãe, ela morreu de desgosto, meus irmãos sentiram vergonha. Não devia ter sido assim, meu erro não era para atingir mais ninguém."

"Meu pai", lamentou Ramon, "morreu desonrado num duelo, ele nunca pegou numa arma, era uma pessoa pacífica. Meus irmãos estavam se arruinando por não terem compradores para o vinho. Minha família sofreu, e nós não estamos felizes".

"Não se é feliz quando, para isso, fazemos alguém infeliz!", exclamava Zenilda.

Embora se amando, não foram felizes, tiveram poucos momentos alegres. Vivendo como simples camponeses naquele país em que fazia muito frio, passaram fome, frio e ficaram anos sem ter notícias de suas famílias. Ramon ficou doente, acamado por meses, e passaram então por mais privações, outros camponeses pobres também os ajudaram. Ele desencarnou, e Zenilda ficou sozinha, tentava trabalhar para não ser despejada da casa onde morava, mas só não foi pelos serviços de enfermeira que prestava. Permaneceu dois anos viúva e desencarnou de repente. Seu corpo físico foi encontrado dois dias depois.

No plano espiritual, os dois souberam de suas famílias. O escândalo passou: na cidade em que moraram teve uma epidemia, muitas pessoas morreram, e outros escândalos vieram. Os familiares de Zenilda somente lembravam da irmã, da tia que fugira do convento com um moço e não souberam mais dela.

A família de Ramon quase se arruinou, mas, com persistência, aprimoraram seus vinhos, que, muito bons, ganharam novamente mercado. Procuraram esquecê-lo: com a morte do pai duelando em seu lugar, resolveram que, para eles, Ramon havia morrido também.

Os dois ficaram juntos no plano espiritual por alguns anos, mas resolveram reencarnar longe um do outro. Zenilda ficou naquele país mesmo, reencarnou numa família religiosa e, adolescente, foi ser freira, mas, desta vez, foi uma boa religiosa. Desencarnou jovem ainda por uma doença que contraiu cuidando de enfermos. Ramon reencarnou num país distante, filho de um pequeno sitiante, trabalhou muito na terra, não quis se casar. Sentia que amava alguém e não sabia quem era ou que deveria esperar por um amor, que não veio. Também não viveu muito.

Os dois dessa vez não se encontraram logo que desencarnaram no plano espiritual. Foi depois de anos que se reencontraram, lembraram do passado e pediram para reencarnarem próximos.

"Dessa vez", determinou Zenilda, "quero auxiliar Hércio, tornar-me sua amiga, para ele não me perseguir mais, desejo acabar com seu rancor. Se no passado fiz ele me amar e o desprezei, devo ajudá-lo. E, se nós dois nos encontrarmos e nos apaixonar, não quero, para estar com você, fazer ninguém sofrer".

"Eu até prometo e espero cumprir que também não farei ninguém sofrer para ficarmos juntos. Se tivermos de ficar separados, que aproveitemos este período para crescermos, aprendermos a dar valor à felicidade alheia."

– E assim – completou Maria Antonia após uma ligeira pausa *–, nesta atual encarnação, os dois cumpriram o que propuseram. Zenilda casou-se com Hércio, pondo fim à ânsia dele de ficar com ela. Se Zenilda no passado o conquistou para desfrutar do seu dinheiro e o traiu, desta vez conviveu com o ciúme inexplicável dele. Agindo honestamente, Hércio entendeu que ela mudara, era boa esposa. Ele foi feliz com ela e com*

os filhos. Quando desencarnou, a pedido de Ramon, o filho de outrora que traiu o pai, a equipe trabalhadora do centro espírita e eu o socorremos, e Hércio entendeu que os dois deviam se reencontrar e ser felizes. Foi aprender no plano espiritual, estuda e trabalha para se tornar melhor.

Os dois desta vez puderam, depois de terem provado a si mesmos que somente ficariam juntos se não fizessem ninguém sofrer, desfrutar sem culpa e remorso de seus sentimentos, do amor que um sente pelo outro.

Nova pausa, em que minha amiga e eu meditamos sobre a história.

"De fato", pensei, *"não podemos ser felizes quando somos responsáveis pela infelicidade de alguém. Infelizmente a vida, às vezes, faz-nos escolher e pode ser que, nestas escolhas, alguém possa se sentir prejudicado. Fazer alguém infeliz é outra coisa. Exemplo nesta história: Se Ramon tivesse ido atrás de Zenilda e ela ficado com ele, Hércio iria sofrer, talvez revidar, sentir ódio e o prejudicariam novamente, fazendo-o ser uma pessoa má e rancorosa. As filhas dela cresceriam com os pais separados e vendo o pai sofrer. Com certeza ela não teria conseguido ser feliz sabendo que Hércio sofria, assim como seus pais, pois, naquela época, tinha-se mais preconceito com separações. Souberam amar com responsabilidade, embora ambos tenham sofrido por estarem separados."*

— *É isso aí!* — exclamou Maria Antonia escutando meus pensamentos. — *Penso, Antônio Carlos, que os dois amadureceram e merecem estar bem juntos.*

— *Agradeço-a novamente* — disse. — *Espero reencontrá-la qualquer dia desses.*

Abraçamo-nos para nos despedir, mas então...

capítulo 17

Urzet

— *Vou agora* — disse Maria Antonia — *acompanhar Ramon. Ele está na estrada, vai se encontrar com Zenilda.*
— *Posso ir?* — perguntei. — *Gostaria de conhecer o casal.*
— *Venha comigo* — convidou minha amiga.

Demos as mãos e volitamos. Encontramo-nos com o protegido de minha amiga dirigindo o carro a caminho da cidade em que Zenilda morava. Prestava atenção no trajeto, dirigia com cautela.

O tempo passa deixando marcas. Ramon não aparentava a idade que tinha, estava bem fisicamente. Fazia sete anos que os dois estavam juntos. Seus cabelos grisalhos lhe davam um charme especial, era magro e se vestia com elegância. Ao passar por onde no passado trafegara tanto, prestou atenção no caminho. Estava perto do morro. A rodovia agora, que ligava as duas cidades, era asfaltada, mas a antiga estrada ainda existia. A "estrada nova",

O Caminho de Urze

como era popularmente conhecida, não passava mais pelo sítio de sua família. Ramon sempre usava a rodovia asfaltada, mas aquela tarde preferiu ir pela antiga, que era de terra batida.

— *Este caminho* — explicou Maria Antonia — *vai para muitos sítios e fazendas. Ali é o local onde ele morou quando menino e jovem.*

Fiquei observando, é prazeroso olhar as paisagens, os campos, as plantações, as árvores... A Terra é deveras um planeta muito bonito. A natureza é maravilhosa. Ramon dirigia vagarosamente, e Maria Antonia foi me mostrando.

— *Este é o morro, perto daquela mangueira estão os restos da pedra que tinha o formato de estrela. Ali! Veja! Agora nem ruínas existem mais, naquele local era a casinha que morei.*

Escutamos os pensamentos de Ramon.

"A casinha de Tonica era ali! Não sinto saudades dela porque sinto-a sempre comigo. Grande amiga! Hoje estou saudoso! Sinto saudades daquele tempo. De vovó Cidália e de nós três plantando flores. Somente vi pelo caminho algumas árvores que florescem, três ipês, duas quaresmeiras e, infelizmente, nenhuma azaleia. Como era bonito este caminho antes! Mas isso foi no passado. O presente para mim sempre é o período mais importante. Mas temos passado, e hoje estou sentindo falta dele."

A estrada era estreita e tinha alguns buracos. O condutor do veículo em alguns trechos quase parou para olhar.

"Por este lado", pensou ele, *"ia-se para a fazenda do senhor Legório. Pessoa importante de quem os efeitos de suas más ações foram dolorosas. Desencarnou há três anos, depois de*

235

muito sofrer. Os filhos venderam quase toda a fazenda, e esta se transformou em vários sítios. Tonica me disse que este senhor continua sofrendo no umbral e não quer ajuda. A dor ensina, ela é persistente, chegará o dia em que este ex-fazendeiro pedirá perdão, socorro e terá novas oportunidades, pela reencarnação, de reparar seus erros. Encontrava-me com Zenilda perto daquela árvore. Que bom que aquela frondosa árvore ainda existe!".

Chegou à cidade, passou por algumas ruas e foi direto para o apartamento de Zenilda. Entrou no prédio, estacionou o carro na garagem e subiu pelo elevador. Tinha a chave do apartamento, mas era costume tocar a campainha e entrar. Abriu a porta, e uma senhora correu para abraçá-lo.

— Meu bigodudo lindo! — Zenilda apertou as bochechas dele. — Que bom que chegou! Veio para matar minha saudade?

— Por favor, meu bem, não faça isto! — pediu Ramon.

— Isto o quê? — perguntou Zenilda sorrindo.

— Somente sente saudades quem ama. Devemos ter sempre este sentimento no nosso íntimo, pois ele é a confirmação do amor. Quando ausentes, sentimos saudades, senti-lo então é amar na ausência. Então, não matemos a saudade! Se a matarmos não corremos o risco de também matar o amor?

— Nunca irei deixar de amá-lo! — exclamou a encantadora senhora. — Corrijo o que disse: suavizo a saudade quando estamos juntos. Meu bem, você estava com saudades? Você me ama?

— Sempre sinto sua falta quando estamos longe. Nossa união, minha querida, é realmente por amor. Minha afeição é profunda e fecunda minha alma, sustenta minha vida, me ergue de todo meu abatimento, me harmoniza, é o meu sustentáculo. Sou aquecido e iluminado pelo seu amor!

— Que romântico! Fale mais, meu bem! Gosto demais de ouvi-lo. Sua voz, quando me fala de amor, é a mais bela canção que escuto.

O casal se abraçou, sorriram, se olharam e ele a atendeu:

— Nosso amor cresceu com a renúncia, cedemos em favor de Hércio, e foi muito bom para nós dois. Estou feliz por ter você, e nosso amor é especial, de alma para alma. Se nosso corpo precisa de ar, nosso espírito, de amor. Amando-a, aprendo a amar a todos e quero compreender todas as pessoas. Acredito que somente teremos compreensão de tudo e de todos, quando amarmos. Amor é bênção de Deus!

Passaram a conversar sobre outros assuntos, perguntaram como estavam, trocaram algumas notícias.

— Você está se lembrando do convite? — perguntou Zenilda. — Hoje sua tia Laura vem jantar conosco. Ela confirmou e disse que vem de táxi. Sua tia está muito saudável.

— Ela é uma pessoa especial para mim. Gosto dela. O que você irá fazer para o jantar?

Não esperei pela resposta. Deveria ir embora, despedi-me novamente de Maria Antonia. Porém, não fui porque escutei de Ramon:

— Meu bem, mudei o nome do nosso caminho!

— Como mudou? – perguntou Zenilda admirada.

— Estive lendo, pesquisei sobre a palavra "eterno".

No livro *Cristianismo e Espiritismo: provas experimentais da sobrevivência*, de Leon Denis,[4] fiquei sabendo que significa "longa duração". Leia, meu bem. — Ramon pegou um papel no bolso, ela olhou, e ele leu: — "O termo em hebraico *ôlam*, traduzido por eterno, tem como raiz o verbo *âlam*, ocultar. Exprime um período cujo fim se desconhece. O mesmo acontece à palavra grega *aion* e a latina *aeternitas*. Tem como raiz *aetas*, idade. Eternidade, no sentido em que entendemos hoje, dir-se-ia em grego *aidios* e em latim *sempiternus*, de *semper*, sempre".

Ramon dobrou o papel, recolocou-o no bolso e, como sua amada estava atenta, continuou:

— Na obra de Allan Kardec, *O Livro dos Espíritos*, encontrei um esclarecimento que me fez pensar.

Ramon falou, explicando o que lera da questão 1.009, e disse:

— Na linguagem vulgar, a palavra "eterno" é muitas vezes empregada de forma figurada, para designar uma coisa de longa duração. Penso que, ao saber disso tudo, não poderia afirmar que nossa união é para a eternidade, não podemos planejar tanto assim o futuro nem afirmar que podemos ficar juntos pelo tempo que não conseguimos ainda entender. Sendo assim — concluiu ele, após uma ligeira pausa —, de "urze", "União de Ramon

---

4. N.A.E.: O trecho que Ramon citou está no capítulo 13 do livro editado pela FEB.

e Zenilda pela Eternidade", passará a ser "urzet", "União de Ramon e Zenilda por um Espaço de Tempo".

— Concordo — falou Zenilda. — Porém, quero estar com você por todas minhas reencarnações futuras. Vamos nos encontrar, enamorar e ficar juntos. Aceito a troca, mas que este espaço de tempo seja longo, bem longo mesmo.

Sentaram-se no sofá de mãos dadas, ligaram a televisão, mas se olhavam a todo momento e sorriam.

Desta vez, nem me despedi, dei somente um tchauzinho com a mão à minha amiga e parti.

Fim

Um novo recomeço

Pelo espírito Antônio Carlos

Psicografia de
Vera Lúcia Marinzeck de Carvalho

Nelson era um empresário rico. Casado com Eliete, ele tinha três filhos: Luciana, Nelsinho e Alex, o caçula. Autoritário e dominador, Nelson conduzia a empresa e a família sem maiores problemas. Tudo estava indo bem, até que o pior aconteceu. Depois de uma discussão com o filho, Nelson sentiu-se mal, adormeceu e acordou em sua própria casa, mas com tudo diferente. "O que aconteceu?", indagou-se várias vezes. Ninguém o via, a esposa não lhe dava atenção e as empregadas o ignoravam.

Aos poucos, Nelson entendeu que seu corpo físico havia morrido, mas ele continuava vivo. Ficou vagando pelo seu ex-lar, teve muitas surpresas e decepções.

"E se fôssemos nós no lugar de Nelson, como nos defrontaríamos com a desencarnação?".

Noel e Nádia enfrentam muitas dificuldades.

Será que terão tempo de se *perdoar*?

Pelo espírito Antônio Carlos
Psicografia de
Vera Lúcia Marinzeck de Carvalho

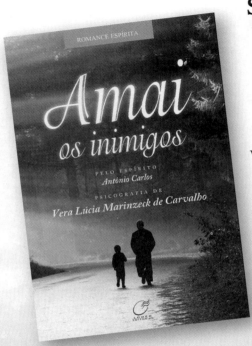

Nesta obra, Noel, um empresário bem-sucedido em uma cidade do interior, é traído pela esposa Nádia. Seu casamento termina. A ex-companheira passa, então, a morar com Carlos, seu novo amor, levando o filho Gabriel.

Mas o pior estava por acontecer. Um acidente banal e inesperado arrebata a vida do menino Gabriel.

Noel, sofrido, angustiado e cheio de mágoa, resolve abandonar tudo e vai morar numa ilha deserta, tendo como companhia apenas uma pequena vila de pescadores.

AMAI OS INIMIGOS nos mostra, mais uma vez, que o perdão é fundamental para o nosso crescimento espiritual, objetivo maior de nossa passagem pela Terra.

BERNARDINO FOI ESCRAVO E SOFREU MUITO.

Mas a dor virou luz na **espiritualidade**.

Pelo espírito Antônio Carlos

Psicografia de
Vera Lúcia Marinzeck de Carvalho

ESCRAVO BERNARDINO retrata um período de dor e sofrimento da História do Brasil, contado pelos próprios personagens que viveram, na carne, a força da opressão e da dominação dos senhores de engenho.

Na espiritualidade, porém, as consequências das experiências vividas na Terra ganham seu verdadeiro contorno, sem distinção de raça, cor ou esfera social. A vida ganha amplitude maior. O esclarecimento e o perdão avançam com a educação espiritual.

O escravo Bernardino e seus companheiros estão prontos para uma nova jornada de amor e de serviço em benefício do semelhante.

Uma obra repleta de ensinamentos edificantes. Uma lição de bondade, amor e humildade.

Uma estranha história de amor ocorrida no litoral brasileiro, num lugar de nome singular:

Rochedo dos Amantes

Pelo espírito Antônio Carlos
Psicografia de
Vera Lúcia Marinzeck de Carvalho

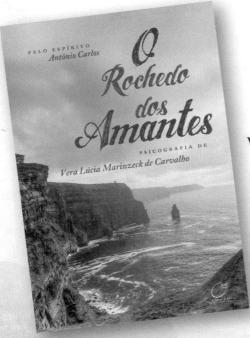

O espírito Antônio Carlos desenvolve toda a trama de romance que traz os ingredientes indispensáveis da boa literatura espírita: amor: mistério, disputa entre grupos desencarnados e o auxílio da espiritualidade ao jovem Jair, personagem de um enredo emocionante e surpreendente.

O ROCHEDO DOS AMANTES nos mostra como o sentimento do amor, muitas vezes deturpado por interesses antagônicos, sempre prevalece perante a eternidade.

Um romance escrito de acordo com o característico estilo de Antônio Carlos, que, mais uma vez, empresta seu talento em benefício da evolução humana.

A mediunidade de Kim começou cedo. E ela vai transformar sua vida.

Pelo espírito Antônio Carlos

**Psicografia de
Vera Lúcia Marinzeck de Carvalho**

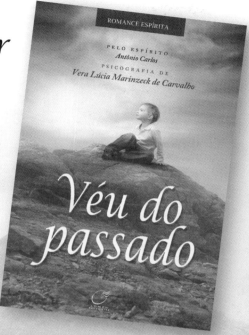

Kim, conhecido como o "menino das adivinhações", vive uma vida tranquila em um sítio, cercado pelos familiares: o vovô Xandinho, as primas Regina e Isabela, os irmãos Onofre e Martinho, além dos amigos da pacata cidadezinha.

Contudo, ele cresce e as visões não param. Nem Frei Luís nem outros irmãos do convento da região conseguem "curá-lo" da vidência persistente.
Mas uma visão particular o acompanha por toda a vida: a cena da própria morte.

Sua existência, então, ganha um novo sentido. Ele descobre um passado longínquo, num mundo de magias e feitiçarias, em uma comunidade dominada por iniciados na arte do sobrenatural, nos caminhos do bem e do mal.

Seus segredos serão agora revelados...

EM MISSÃO DE SOCORRO

Pelos espíritos
Guilherme, Leonor e José

Psicografia de
Vera Lúcia Marinzeck de Carvalho

Três novos espíritos especializados estão na busca e no resgate de irmãos ainda presos nas zonas inferiores e no Umbral, mas que já apresentam condições espirituais e emocionais de tentarem iniciar uma nova jornada nas Colônias de recuperação.

As histórias desta obra são verídicas. Elas mostram, efetivamente, o que acontece com os que valorizam a matéria e cultuam sentimentos como a vingança, a raiva descabida, o egoísmo e o orgulho. Mas revelam também que não basta não prejudicar ninguém: é preciso esforço para fazermos o bem que está ao nosso alcance.

Obra fundamental para o nosso crescimento interior, é um roteiro para reflexões e uma oportunidade para decidirmos qual futuro queremos para nós.